A DIETA DO AMOR

CIP-BRASIL. CATALOGAÇÃO NA FONTE
SINDICATO NACIONAL DOS EDITORES DE LIVROS, RJ

I15d

    Iam, Mabel
       A dieta do amor : segredos e receitas para uma vida sexual plena e ativa / Mabel Iam ; tradução Marcos Malvezzi Leal. - Campinas, SP : Verus, 2009.

       Tradução de: The love diet : expert techniques for sensual pleasure and mind-blowing sex
    Inclui bibliografia
    ISBN 978-85-7686-052-5

    1. Sexo. 2. Excitação sexual. I. Título.

09-2514

CDD: 306.7
CDU: 392.6

Mabel Iam

A DIETA DO AMOR

Segredos e receitas para
uma vida sexual plena e ativa

Tradução
Marcos Malvezzi Leal

Título original
The Love Diet
Expert Techniques for Sensual Pleasure and Mind-Blowing Sex

Copidesque
Ana Paula Gomes

Revisão
Aline Marques

Projeto gráfico
André S. Tavares da Silva

Copyright © Corpo Solar, Inc., 2006
Publicado em acordo com HarperCollins Publishers.

Tradução © Verus Editora, 2009

Todos os direitos reservados, no Brasil, por Verus Editora. Nenhuma parte desta obra pode ser reproduzida ou transmitida por qualquer forma e/ou quaisquer meios (eletrônico ou mecânico, incluindo fotocópia e gravação) ou arquivada em qualquer sistema ou banco de dados sem permissão escrita da editora.

VERUS EDITORA LTDA.
Rua Benedicto Aristides Ribeiro, 55
Jd. Santa Genebra II - 13084-753
Campinas/SP - Brasil
Fone/Fax: (19) 4009-6868
verus@veruseditora.com.br
www.veruseditora.com.br

Celebro este livro com...

O amor da minha vida, Greg.
Meu marido, que é muito mais que uma alma gêmea.
Greg é minha parte mais linda.
Com ele, diariamente eu pratico e recebo todo o amor, a sabedoria e o poder que a vida nos concede.
Sem Greg, nada do que escrevi aqui teria sentido – tudo não passaria de teorias abstratas, como tantos outros livros.
Juntos, todos os dias, Greg e eu preparamos os pratos deliciosos da dieta do amor.
Somente quando vejo meu reflexo em seus lindos, profundos e doces olhos azuis é que sei que estou verdadeiramente viva.
Obrigada, Greg, por me mostrar como amar.

Dedico este livro, com gratidão, a...

Meu professor da alma, Meishu Sama, que me inspira com a luz que ele irradia do mundo espiritual.

Meus antepassados, meus pais e avós, que me mostraram o que é o verdadeiro amor, em todas as suas manifestações.

Meu irmão, Rafael.

Meu sobrinho, Ezekiel, meu doce, sábio, amado amigo e afilhado.

Minha sobrinha Manuela, cuja beleza, atenção e inteligência me enchem de orgulho. E minha sobrinha Caterina, um sol brilhante que afasta minhas dúvidas e minha tristeza.

Greg Junior, o filho que nunca tive.

Minha amiga Johanna Castillo, que me acompanhou na jornada de escrever este livro.

Andrea Montejo, a gentil editora de *A dieta do amor*, principalmente porque valorizo e agradeço sua afeição e humildade, e Jennifer Caxea.

Abençoo todos os seres humanos que escolhem abrir o coração e se nutrir com *A dieta do amor*.

Sumário

Introdução 9

Passo 1: Descobrindo os ingredientes do amor 15
  1 A arte da sedução:
    olhares, sorrisos e outras técnicas de sedução 17
  2 Como ser o perfeito amante latino 42
  3 Carícia, abraço e beijo:
    dietas para o prazer irresistível 50
  4 A dieta da inteligência erótica:
    estimulando ao máximo todos os sentidos 77
  5 A dieta da cor:
    cores que abrem caminho para o amor 108
  6 As flores do amor 116

Passo 2: Mantendo a dieta do amor 129
  7 A dieta dos espaços criativos:
    abrindo o quarto para os segredos do prazer sexual 131
  8 A dieta da rapidinha 147
  9 A dieta do desejo:
    receitas para reacender as chamas da paixão 150
  10 Liberando a paixão sexual 154

11 A dieta do presente 161
12 Confissões secretas das zonas erógenas 165
13 A dieta da fala sexy 169
14 A dieta do *striptease* 175
15 A dieta do *Kama sutra* diário 181

Passo 3: Casos especiais 201
16 Receitas para acabar com emoções tóxicas:
    ciúme, culpa, ansiedade 203
17 Quando o amor acaba: receitas para sobreviver
    e dar a volta por cima depois de um rompimento 214
18 Técnicas infalíveis para casais estressados 228

Passo 4: O poder da autoestima 235
19 A dieta do relaxamento físico, mental e emocional 237
20 Amar a si mesmo: o modo perfeito de amar 247

Uma confissão da autora 257
Glossário 259
Bibliografia 273

Introdução

A dieta do amor é o plano perfeito para nutrir seu corpo, sua mente, seu coração e sua alma. Ela possui todos os ingredientes-chave de uma dieta saudável e balanceada, com as vitaminas, minerais, proteínas e açúcares essenciais que podem ser encontrados em abundância na deliciosa fruta do amor.

O QUE É A DIETA DO AMOR?

Uma dieta é um plano alimentar diário e detalhado, com alimentos que contêm todos os nutrientes necessários para dar ao corpo a energia de que ele precisa, sustentando-nos para que possamos viver em perfeita harmonia uns com os outros e com o universo. Se pararmos para pensar, podemos nos perguntar qual é o nutriente mais importante – o elemento essencial – de qualquer dieta. Na verdade, é muito mais que um simples nutriente, porque alimenta a própria alma.

Se lhe perguntassem qual é o nutriente mais importante e essencial, cada pessoa no planeta – independentemente de raça, credo, idade, sexo, religião ou cultura – responderia sem dúvida nenhuma que é o AMOR.

Assim como a comida nos alimenta todos os dias de nossa vida, o amor faz a mesma coisa. Do momento em que nascemos até nosso último suspiro, a comida que ingerimos diariamente é um fator essencial à nossa sobrevivência, assim como o amor que recebemos – ambos nutrem a alma.

Podemos dizer, contudo, que o amor é ainda melhor que a comida, pois não engorda, não é tóxico, pode ser consumido a qualquer momento, em qualquer quantidade, não dá indigestão nem causa reações alérgicas. O amor transcende a morte, tem o poder de nos levar a uma jornada além do plano físico. O amor é, essencialmente, perfeito.

A certa altura da vida, todos nós confundimos, desperdiçamos, destruímos ou abusamos do que chamamos de amor. Não percebemos que a mente nos prega peças e, no final das contas, trabalha contra nós. É ela que nos faz comer mais, que decide o que é saudável e o que não é e quando devemos parar algo ou prosseguir. No amor, a mente costuma nos fazer julgar o relacionamento, nunca nos permitindo ficar satisfeitos com a atenção que recebemos da pessoa por quem estamos apaixonados. É preciso aprender a libertar o coração dos grilhões da mente, a viver com liberdade o amor que sentimos.

A dieta do amor tem o objetivo de ajudar você a superar os obstáculos impostos pela mente e deixar que o amor seja um prato delicioso, permitindo que o sexo floresça naturalmente. Podemos nos ensinar a escutar a pessoa que amamos e a prestar atenção nas necessidades dela, bem como nas nossas. Com técnicas sexuais e exercícios de visualização criativa, que nos auxiliam a nos compreender melhor, *A dieta do amor* vai ajudá-lo a estabelecer uma ligação mais profunda com o amor da sua vida.

O PLANO

> O universo inteiro foi criado, concebido e planejado com base em um único princípio: AMOR.

A dieta do amor é diferente de qualquer outra dieta que você já tenha experimentado. Nela, você não precisa perder peso, contar calorias nem fazer qualquer tipo de sacrifício. Esta dieta foi feita para ser apreciada e saboreada, e suas receitas foram elaboradas para ser usadas por qualquer pessoa que deseje amar e ser amada. Com ela, você não vai diminuir seu manequim nem acelerar seu metabolismo. Em vez disso, vai aumentar seu charme e magnetismo, aprender a ter a melhor aparência possível e descobrir sua sensualidade oculta. Você não só vai se sentir mais confiante e saudável, mas também vai melhorar seu relacionamento em termos de amor e de sexo.

Assim como em muitos outros programas de dieta ou exercícios, é preciso se comprometer com a dieta do amor a cada dia, para deixar a mente, o corpo e a alma em forma – e preservar essa boa forma. Do mesmo modo que exercitamos o corpo físico, quando se trata de nossos relacionamentos íntimos, também precisamos nos exercitar todos os dias para permanecer aptos na arte da sedução e do prazer sexual.

Este livro se baseia em textos anteriores sobre diferentes assuntos que foram publicados em revistas, jornais e livros e apresentados em conferências, cursos, programas de televisão e de rádio. Em cada seção, você vai encontrar informações úteis, técnicas, exercícios, receitas, meditações, pensamentos e sentimentos baseados em pesquisas e em anos de experiência profissional e pessoal. Esta obra também se baseia nas perguntas que os leitores enviam pelo meu *site*, ajudando-me a explorar o grande mistério do amor em todas as suas dimensões e manifestações.

A dieta do amor revela os segredos que vão ajudar você a se conectar com seu parceiro ou parceira, descobrindo e explorando seus desejos mais profundos e ajudando os dois a aprender mais a respeito das necessidades sexuais de cada um. Há muitas lições aqui sobre como usar o amor, a afeição, a consideração e o bom humor para tirar o relacionamento do marasmo, afastando a monotonia e o tédio.

O livro é dividido em quatro partes, cada uma com capítulos que facilitam a assimilação e a absorção das ideias apresentadas:

- ♥ O primeiro passo tem o intuito de ajudar você a descobrir e se familiarizar com todos os ingredientes necessários para um relacionamento saudável e amoroso. Você vai aprender a planejar sua dieta e a degustar naturalmente cada sabor – os gestos de ternura, olhares, sorrisos, abraços e beijos – de acordo com as necessidades sexuais suas e de seu parceiro ou parceira.
- ♥ O segundo passo é um guia detalhado e repleto de dicas, exercícios, receitas e conselhos que vão lhe permitir manter o amor que você quer pela vida toda. Você e seu amor vão saber como reacender a paixão mesmo depois de anos de relacionamento e descobrir modos de permanecer eternamente apaixonados e cheios de desejo um pelo outro.
- ♥ O terceiro passo aborda casos especiais e situações que todos nós podemos enfrentar uma vez ou outra. Nessa parte, você vai encontrar conselhos sobre como lidar com emoções tóxicas, como ciúme, culpa ou raiva, e também sobre como superar um rompimento difícil e se preparar para um novo amor.
- ♥ O quarto e último passo explora o poder da autoestima, o elemento mais essencial de qualquer relacionamento, porque somente quando uma pessoa se ama é que ela pode aprender a amar e ser amada pelos outros.

Tenho certeza de que, quando você começar a ler *A dieta do amor*, ele se tornará seu companheiro constante e um valioso guia diário.

Meus caros leitores, gostaria de felicitá-los e lhes desejar muito sucesso quando iniciarem esta nova dieta, que vai abrir os corações à sua volta. Se experimentarem cada dieta apresentada, vocês vão começar a brilhar de um modo positivo – irradiando beleza e energia sedutora, fulgindo como o sol com sua luz interior, deixando fascinadas todas as pessoas com quem tiverem contato. E, o mais importante, vocês vão se sentir tão revitalizados que esse novo sentimento de liberdade e felicidade será evidente em tudo que fizerem e em todas as áreas de sua vida.

A RECEITA QUINTESSENCIAL:
A DIETA DO AMOR PARA TODOS OS DIAS

Esta receita é para duas pessoas que querem se amar para sempre. Se você ainda não encontrou aquela pessoa especial, prepare-a só para você. Com certeza, se seguir a receita atentamente, o amor logo tocará seu coração.

CÁLICE DE AMOR ETERNO
SERVE DUAS PESSOAS

INGREDIENTES

Amor, como base
Beliscões, de acordo com o gosto sexual
Toques gentis e ternos
Doces olhares
Abraços calorosos, a gosto
Carícias, quanto mais melhor
Creme de sabedoria, a gosto
Gelatina doce, para dois
Beijos frescos
Um toque de bons amigos e família
Aromas íntimos
1 xícara de paciência
1 xícara de perdão
4 colheres de compreensão e compaixão
8 litros de generosidade
1 xícara de humildade
2 colheres de aceitação e empatia

4 colheres de bom humor

Sementes de boa comunicação

4 colheres de pó mágico, para aprender a valorizar e curtir o que vocês têm

5 colheres de fé, misturadas com confiança no parceiro ou na parceira

12 litros de compromisso de crescer e evoluir juntos

PREPARO

Misture todos os ingredientes e deixe marinar, sem nunca deixar a mistura esfriar. Despeje-a em dois cálices para brindar e celebrar o dia todo, todos os dias.

Passo 1

DESCOBRINDO OS INGREDIENTES DO AMOR

Passo 1

DESCOBRINDO
OS INGREDIENTES
DO AMOR

1
A ARTE DA SEDUÇÃO: OLHARES, SORRISOS E OUTRAS TÉCNICAS DE SEDUÇÃO

Seu corpo me chama, suas palavras me cativam, como um feitiço de amor. Fico tão impotente sob seu olhar que, quanto mais me afasto, mais forte sinto sua atração magnética, no fundo do meu ser.

OS INGREDIENTES ESSENCIAIS DA SEDUÇÃO

A sedução é o segredo do sucesso no amor, nos negócios, na amizade e na vida em geral. Na arte de conquistar outro ser humano, todas as pessoas precisam ter o mesmo nível de disciplina e fazer os mesmos esforços, independentemente da aparência física. Como qualquer arte, a sedução requer treino, prática, educação e clara compreensão da psicologia humana, tanto no nível consciente quanto no inconsciente.

Há tantos estilos de sedução quantas as personalidades individuais, mas, no momento crucial de seduzir e cativar outra pessoa, os dois ingredientes essenciais que ninguém pode passar sem são os seguintes.

O sorriso

O sorriso tem o singular poder sedutor de conquistar quase todo mundo. O melhor tipo é aquele que expressa sinceridade, pois o sorriso falso é fácil de detectar e sempre inspira desconfiança.

Assim como o olhar, o sorriso pode dizer muitas coisas diferentes. Não apenas sinônimo de felicidade, esse gesto também pode indicar ansiedade, insegurança e até hostilidade disfarçada. Um sorriso fraco ou vacilante, que não revela os dentes e é acompanhado de um olhar inseguro, é sinal de timidez e falta de autoconfiança. Um sorriso reprimido pode enviar sinais confusos, principalmente se a outra pessoa não souber por que estamos sorrindo. Pode até parecer deboche.

O olhar

Um olhar sedutor eficaz requer elegância e sutileza, e pode dizer mais que mil palavras. Um olhar claro, sincero, direto e aberto pode atrair e fascinar até aquela pessoa que, no começo, é um pouco resistente ao seu charme. Faça com que seu olhar sempre transmita certa doçura, calma, classe e generosidade, de modo que você irradie confiança, tranquilidade e ternura.

O tempo durante o qual uma pessoa consegue sustentar um olhar nos dá algumas dicas. Pessoas inseguras costumam desviar o olhar logo. Quando alguém fala de questões pessoais, elas tendem a fazer menos contato visual. Mas, se a pessoa insegura recebe um elogio, acontece o oposto – ela mantém o contato olho no olho para tentar determinar se a outra pessoa está sendo sincera.

O modo como nos entreolhamos é tão importante quanto o contato físico. Se você olhar para outra pessoa com um misto de mistério e paixão, combinado com um sorriso bonito e provocante, certamente produzirá um efeito hipnótico e atraente.

Dez olhares inesquecíveis

Na arte da sedução, os sinais visuais são extremamente importantes. Por exemplo, numa festa cheia de gente, duas pessoas podem começar uma interação apenas com os olhos – antes de trocar uma palavra. Pela mera troca de olhares, um romance pode ter início, perguntas podem ser feitas, a intenção de seduzir ou até de repelir alguém pode ser expressa. Quando duas pessoas se entreolham, começam a se comunicar numa linguagem especial, e as coisas mais inesperadas podem acontecer.

Eis os diferentes olhares que, de acordo com cada tipo de personalidade, podem ser usados como ferramentas de sedução, armas certeiras a ser utilizadas no momento crítico:

- ♥ **Olhar carinhoso:** Olhe lentamente o corpo inteiro da pessoa que você quer seduzir – dos pés até as pontas dos dedos e a cabeça –, como se estivesse acariciando o corpo dela com uma luva de veludo.
- ♥ **Olhar misterioso:** Crie uma sensação de mistério em volta de seus olhos. Coloque óculos escuros, não importa de que tipo. Fique com eles e só os tire para dar à pessoa que você deseja um olhar intenso, absorvente. Não olhe por cima dos óculos – tire-os devagar, segure-os e de repente coloque-os de volta. Repita até conquistar seu alvo.
- ♥ **Olhar distraído (apropriado principalmente para pessoas tímidas):** Olhe para o objeto de seu desejo, depois desvie o olhar até sentir que ele está olhando para você. Então levante os olhos por um momento, deixando que ele veja seu olhar diretamente por alguns segundos.

- ♥ **Olhar fatal (indicado principalmente para quem é superconfiante):** Olhe o alvo de sua sedução diretamente nos olhos, sem hesitar. Enquanto sustenta o olhar, aproxime-se da pessoa. Para atacar, comece a conversar sem pensar muito no que vai dizer.
- ♥ **Olhar renovado (especialmente adequado para adolescentes ou para os novatos no amor):** Pisque várias vezes, balançando os cílios, como as mulheres do cinema mudo. Olhe o objeto de seu desejo, pisque algumas vezes, depois lance um intenso e sugestivo olhar antes de baixar os olhos. Pisque de novo com o olhar distraído, ganhando assim um renovado ar de sensualidade.
- ♥ **Olhar fascinante:** Devo confessar que este olhar é meu favorito. Quando estudei teatro – o que fiz por quinze anos –, decidi dar um olhar leonino ao meu personagem. Fui ao zoológico para estudar o leão e tentar entender a fonte de seu poder. Descobri que, quando o leão olha para as pessoas, ele as devora com o olhar. Esse animal tem um olhar completamente transparente e, como um gato gigante, personifica uma força extraordinária. Seu olhar é direto, ele não pisca, e, depois de alguns segundos, seus olhos pousam sobre uma só pessoa, e você se sente tentado a se aproximar dele, fascinado por seus claros olhos castanhos. Quando incorporei esse olhar ao personagem que estava interpretando, o professor me fez um elogio muito bacana: "Mabel, você captou algo além do ato físico do olhar do leão, e levará isso consigo pela vida toda". Talvez meu velho professor tivesse razão. Acho fascinante quando, em qualquer situação da vida, a pessoa tem uma meta clara e se empenha ao máximo para alcançá-la.
- ♥ **Olhar brilhante (especialmente indicado para quem se cansou de sair com diversas pessoas e quer se estabilizar ao lado do amor de sua vida):** Este olhar acontece quando o sorriso e o olhar da pessoa estão em perfeita harmonia, como se as estrelas tivessem caído e tomado posse de seus olhos. Para praticar, sugiro uma meditação: visualize algo incrivelmente belo, algo que você ama demais, que para você representa amor e luz, de modo que essas

qualidades se reflitam em seus olhos com tanta intensidade que as outras pessoas fiquem hipnotizadas por seu olhar.

- ♥ **Olhar penetrante:** Imagine que está fazendo amor com o objeto de seu desejo. Este olhar é ótimo para mulheres mais ousadas e homens muito sensuais. Mire os olhos da pessoa, para que ela se sinta tocada na própria alma, e em outros lugares também.
- ♥ **Olhar sorridente:** As pessoas que dominam esse olhar possuem os poderes sedutores e mágicos do sorriso, porque sabem sorrir com os olhos. É como se fossem tocadas por uma varinha de condão e ouvissem o canto dos anjos, que as faz sorrir com as pupilas. Este é um dos olhares mais inesquecíveis de todos.
- ♥ **Olhar amoroso:** Com este olhar, você encara a vida com amor. É importante compreender que, para praticá-lo bem, é preciso ser apaixonado pelo amor. É necessário ver a vida pelos olhos da beleza, da harmonia e da perfeição. Não se pode fingir este olhar, pois ele é um reflexo direto da alma.

Técnicas de sedução

Além de saber como usar corretamente o olhar e o sorriso na hora de seduzir, há várias técnicas que podem ser usadas para conquistar o coração de uma pessoa. Você pode seduzi-la por meio da amizade e da generosidade, mas também pela violência, indiferença, frieza ou objetividade. Nesta seção, você vai encontrar modos diversos de sedução que pode usar para atrair a pessoa amada, ou que outras pessoas talvez usem para atrair você.

- ♥ **Sedução argumentativa:** Na sedução argumentativa, a pessoa que está sendo seduzida se identifica com as ideias, opiniões e comentários do sedutor, o que cria intensa ligação nos planos intelectual e mental.
- ♥ **Sedução afetuosa:** A sedução afetuosa é caracterizada por enfocar o elemento emocional da relação, observando-se atentamente

todos os detalhes que tornam o dia a dia mais doce e despertam sentimentos de ternura no outro. Ela tem várias formas, desde presentes inesperados e cuidadosamente escolhidos até um telefonema ou *e-mail* com palavras carinhosas, um beijo dado no momento certo, abraços que expressam paixão e amor e massagens quando a pessoa está cansada ou estressada.

♥ **Sedução subliminar:** Esta espécie de sedução é completamente diferente das outras e requer treino, pois você tem de convencer de dentro para fora a pessoa que quer seduzir. O objetivo é entender e influenciar a mente da outra pessoa no nível subconsciente. É o tipo mais difícil de sedução. Ainda neste capítulo, você vai aprender os passos necessários para seduzir alguém com a técnica subliminar.

A IMPORTÂNCIA DA PRIMEIRA IMPRESSÃO

Você nunca terá uma segunda chance de causar a primeira impressão.

A primeira impressão geralmente se forma nos primeiros quinze minutos em que você conhece alguém. Nesse breve período, decidimos consciente ou inconscientemente se gostamos da pessoa ou não e se queremos ter algum tipo de relacionamento com ela. Essa impressão inicial pode se fixar por muito tempo e ser bastante difícil de mudar, pois seria necessário recomeçar do zero. Implicaria reavaliar todas as informações que recebemos da pessoa. Teríamos de admitir que nos enganamos no julgamento e tirar novas conclusões, o que levaria à necessidade de mudar nosso comportamento e nossas opiniões em relação à pessoa. Por isso, é muito mais fácil nos apegar à primeira impressão, desde que não apareça nenhuma indicação óbvia de que a pessoa é muito diferente do que julgamos de início.

Os seres humanos têm muitas facetas que podem ser reveladas no primeiro encontro. Podemos mostrar muitos lados diferentes de nós mesmos quando quisermos, por isso é importante ter total consciência do modo como nos comportamos. É importante analisar quais são nossas qualidades interiores especiais que valorizamos e gostaríamos de revelar à outra pessoa no momento em que a vemos pela primeira vez. Nesse primeiro encontro, tudo que for comunicado por meio de palavras e da linguagem corporal é registrado e avaliado pela outra pessoa. Nunca subestime os outros, principalmente os indivíduos introvertidos e quietos, que são os mais sensíveis à linguagem corporal. Mas, esteja você lidando com uma pessoa introvertida ou extrovertida, o essencial a lembrar no primeiro encontro é o seguinte:

- ♥ Tente se comportar e se vestir de um jeito que seja confortável e natural, para que você se sinta uma pessoa atraente e convidativa.
- ♥ Use a linguagem corporal de maneira apropriada.
- ♥ Saiba ouvir.
- ♥ Olhe com atenção e de modo sugestivo para a outra pessoa.
- ♥ Aproveite cada oportunidade para mostrar como você gosta da companhia da outra pessoa.

Você não precisa ser incrivelmente linda ou lindo para ter charme. A beleza é irradiada de várias maneiras e é um reflexo de nosso estado interior.

É importante nos sentirmos à vontade, para assim projetar uma imagem interessante. De modo geral, as pessoas costumam formar uma opinião de nós que reflete nossa autoimagem, o modo como nos julgamos. Se nos acharmos pessoas maravilhosas e agradáveis, é muito provável que o mundo também ache. Se, ao contrário, você pensar: "Sou feio, ninguém gosta de mim", é possível que esteja projetando uma imagem nada atraente. Se você é infeliz com sua autoimagem, é bem possível que se sinta rejeitado pelos outros. E se pensar: "Não sou muito inteligente e ninguém presta atenção no que digo", subconscientemente você espera que ninguém ouça o que diz. Você está projetando uma imagem de baixa autoconfiança e distanciamento.

A chave do sucesso na sedução é *aceitar a si mesmo e projetar uma autoimagem positiva.*

O que nossos gestos dizem

Uma maneira de projetar uma imagem positiva e parecer mais confiante é por meio de seus gestos, dos movimentos de seu corpo durante uma conversa.

Para conhecer bem uma pessoa, você precisa observar os gestos que ela faz conforme fala. Quando conversam, tanto você quanto a outra pessoa transmitem milhares de mensagens e sinais entre si, por meio do corpo. Na verdade, usamos a linguagem não-verbal desde o momento em que nascemos – quando ainda não tínhamos vocabulário para falar com nossos pais e dependíamos de nossos gestos. Fazemos o mesmo quando não falamos uma língua estrangeira e precisamos nos comunicar. A linguagem corporal é a forma mais primitiva de comunicação, pois brota diretamente das emoções e reflete o modo como nos relacionamos com o mundo. Por isso, é muito importante conseguir um equilíbrio entre *o que você diz*, *o que sente* e *o que comunica*, para enviar uma mensagem clara à pessoa que você pretende seduzir. Para compreender a linguagem corporal da outra pessoa – e ter certeza de que você está enviando os sinais certos –, preste atenção nos seguintes gestos:

- ♥ **Olhos baixos:** Quando alguém tem algo a esconder, costuma olhar para baixo. Pessoas tímidas ou inseguras, que temem o contato direto com os outros, desviam o olhar de seu interlocutor. Para elas, costumo recomendar que vejam a pessoa com quem estão conversando como se ela fosse um bebê, para que a interação seja desprovida de tensão sexual. Com frequência, o medo de despertar desejo sexual no outro provoca um profundo desconforto nesse tipo de personalidade. Pessoas tímidas ficam nervosas à mera ideia de que possam fazer, sem querer, uma insinuação sexual a alguém. Assim, ao se concentrar nos aspectos mais amenos da outra pessoa, ela pode relaxar e livrar a mente de tais pensamentos.
- ♥ **Falta de contato visual durante a conversa:** Isso pode indicar timidez, ou pode significar que a pessoa não acredita totalmente no

que está ouvindo. Nesta situação, é importante tentar estabelecer algum tipo de contato sutil, possivelmente até físico – talvez tocar suavemente a mão da pessoa. Você pode ainda segurar delicadamente o rosto dela e olhá-la nos olhos com ternura, como que dizendo: "Pode confiar em mim".

- ♥ **Desviar o olhar e depois fixá-lo intensamente nos olhos do interlocutor antes de falar:** Tal gesto demonstra que a pessoa vai dar uma resposta cuidadosamente pensada. Se ela tende a repetir o gesto, também pode indicar elevado nível de autoconfiança. Se for feito para enfatizar um comentário específico, é importante prestar muita atenção no que ela está dizendo.
- ♥ **Brincar com o cabelo:** Muitas mulheres têm o hábito de brincar com os cabelos, enrolá-los nos dedos ou tocá-los quando estão diante de uma pessoa de que gostam. Este é um gesto de flerte, mas, quando combinado com um olhar distraído, sem sorriso, também pode indicar falta de autoconfiança e falta de interesse na conversa, por medo ou indiferença.
- ♥ **Braços cruzados:** Esta postura indica atitude crítica, defensiva, não-receptiva.
- ♥ **Movimentos com a cabeça:** Dependendo do ritmo, os movimentos com a cabeça podem expressar atitudes totalmente diferentes. Por exemplo, quando alguém está falando e concordamos com o que essa pessoa diz, costumamos fazer que sim com a cabeça, demonstrando interesse. Inclinar a cabeça também é um gesto que pode ser interpretado de várias maneiras. Um pouco para a frente e para o lado significa: "Estou ouvindo". Se a inclinação for acompanhada de um sorriso e contato visual, indica sentimentos de empatia, e as chances de conexão com a pessoa são maiores. Ao contrário, quando não concordamos com o interlocutor, tendemos a balançar a cabeça lentamente de um lado para o outro, como que negando os pontos de vista dele.
- ♥ **Pernas cruzadas e pés balançando:** Fazemos isso quando estamos entediados – às vezes até sem perceber. Este gesto indica ansiedade

e nervosismo, principalmente quando a pessoa mexe as pernas rápida e compulsivamente.

- ♥ **Balançar uma perna:** Balançar uma perna de maneira constante e mecânica quando estamos sentados, falando ou escutando alguém falar, pode ser uma expressão de desconforto. Também indica desejo de sair da situação ou do ambiente o mais rápido possível.
- ♥ **Franzir os lábios:** Pode indicar que a pessoa tem dúvidas ou não acredita no que o outro está dizendo. Também pode indicar relutância em falar com sinceridade.

Eis alguns outros sinais que podem ser detectados por meio da linguagem corporal:

- ♥ **Gestos de superioridade:** Uma pessoa pode comunicar certo sentimento de superioridade em relação ao interlocutor reclinando-se na cadeira, interrompendo a fala do outro ou modulando a voz em tom mais alto que o do outro.
- ♥ **Sinais de repressão sexual:** Quando alguém toca certas partes do próprio corpo (por exemplo, massageia o pescoço ou afaga a barba ou o cabelo), isso pode ser uma forma de se sentir mais confortável ou uma tentativa de relaxar numa situação estressante. Mas, quando a pessoa passa a língua nos lábios ou morde um objeto, como uma caneta, pode ser uma indicação de certo nível de repressão sexual, principalmente se o comportamento for repetido. Também pode ser uma tentativa de ser visto como sexy. Outros gestos que indicam certo nervosismo ou repressão sexual são mexer os pés ou os dedos sem parar, brincar com objetos, afrouxar as roupas.
- ♥ **Sinais de hostilidade:** As pessoas dão sinais claros de hostilidade quando batem o pé ou chutam um objeto, ou quando uma parte do rosto parece tensa, como em ocasiões em que franzem a testa ou mordem os lábios.

♥ **Expressões de confiança ou interesse:** De modo geral, quando uma pessoa gosta do que a outra está dizendo, dirige a esta um olhar longo e significativo, com os olhos bem abertos. É um olhar claro, sem piscar. Isso indica que o ouvinte acredita no que está sendo dito e está muito interessado em ouvir mais do que o interlocutor tem a dizer.

♥ **Sinais de receptividade:** Se num encontro amoroso, por exemplo, uma pessoa mostra as palmas das mãos abertas enquanto fala, essa é uma indicação de que está pronta para um contato mais pessoal, até sexual, mas espera que o outro tome a iniciativa. Em um relacionamento mais firme, esse gesto mostra que a pessoa é muito sincera e aberta.

Sinais para conquistar o coração

Para fazer a pessoa de seus sonhos se apaixonar por você, use seu desejo erótico como motivador interno. Visualize e imagine que está com essa pessoa especial – esse pode ser o primeiro passo para prender a atenção dela.

Uma arma importante em seu arsenal de sedução é juntar todas as informações possíveis a respeito da história da pessoa, prestando atenção nos sinais que ela envia por meio de palavras e movimentos.

Se não puder ver a pessoa para captar os sinais corporais (por exemplo, se estiver ao telefone ou em uma conversa *on-line*), há outros modos de perceber sua receptividade. É importante prestar atenção na rapidez com que a pessoa reage, no tom de sua voz e na escolha das palavras. Em um bate-papo pelo computador, por exemplo, se a resposta começa a vir mais devagar, isso pode indicar que ela está perdendo o interesse, ou que simplesmente não concorda com o que você está dizendo. Mas, se as respostas são rápidas e certeiras, significa que você cumpriu sua missão!

É importante manter o foco no objeto de sua afeição, sem sufocá-lo. Tente perceber o que a pessoa está pensando em nível subconsciente e, se detectar algo negativo, tente converter em positivo. Por exemplo, se detectar alguma tristeza na pessoa, não fale disso diretamente. Fale, talvez, de algo que você acha que a deixaria feliz e insinue como pode ajudá-la.

Seja paciente, aprenda a esperar. Dê à outra pessoa a chance de se aproximar de você, de se abrir naturalmente. Não a pressione e, acima de tudo, não tente falar demais. Dê a ela o tempo e o espaço para se abrir por vontade própria.

Siga o ritmo e o tempo natural da sedução, com calma e paciência. Se você se apressar em dar o bote, pode ficar com a impressão de que a outra pessoa quer fugir, como se fosse uma presa (e você, o caçador!). Caso sinta isso, vá mais devagar e adote uma atitude mais passiva. Dê à pessoa espaço para falar, assim você poderá ouvir ou apenas observá-la. Lembre-se sempre de que o senso de humor é o melhor e mais estimulante afrodisíaco que podemos usar para seduzir.

Uma saída rápida pode ser uma estratégia efetiva para atiçar o interesse do outro, criando um senso de expectativa. Quando sentir que seus poderes de sedução estão surtindo efeito, você pode se afastar rapidamente ou insinuar que talvez tenha que ir embora após um telefonema súbito – essas técnicas podem realizar maravilhas. Uma retirada na hora certa é um truque excelente para usar com aquela pessoa que acha que está no controle da situação.

A DIETA DA ATRAÇÃO SUBLIMINAR

> Você quer seduzir alguém, mas não sabe como?
> Quer ser mais sutil, mas ao mesmo tempo mais eficaz em suas tentativas de conquista?
> Então comece a praticar agora a arte da sedução subliminar!

A prática de enviar mensagens subliminares tem conotação negativa porque é usada por algumas pessoas como forma de manipulação – na publicidade, por exemplo, ou na política. Entretanto, as mensagens subliminares podem ir muito além de campanhas publicitárias manipuladoras. Aliás, têm sido feitos estudos que investigam os possíveis usos terapêuticos de estímulos e percepções subliminares.

A comunicação subliminar tem como alvo o subconsciente, parte da mente que não tem as mesmas habilidades que o consciente para analisar informações. Para alcançar o subconsciente, é preciso apelar para os poderes de percepção. Nesse processo de intercâmbio subliminar, o consciente geralmente não está no comprimento de onda necessário para detectar as mensagens transmitidas. Os pouquíssimos indivíduos que conseguem detectar conscientemente mensagens subliminares têm a mente muito alerta e são experientes em meditação ou técnicas de visualização criativa.

Qual é o mecanismo do cérebro que permite à mente ouvir certas palavras e decidir se elas são agradáveis ou excitantes? No córtex cerebral, há uma série de estimulantes que se originam nos órgãos sensoriais e, no que concerne às motivações sexuais, eles têm duas fontes: uma interna – fantasias da mente – e uma externa, que vem da estimulação sensorial. Ambas são interpretadas pelo cérebro e transformadas em excitação sexual ou rejeição.

A sedução é, sem dúvida, um dos jogos mais populares do planeta. Mas tem certas regras e uma série de códigos de conduta bem definidos. A atração depende de inúmeros fatores, incluindo influências culturais e sociais, e uma mente sedutora é tão importante quanto um corpo atraente. Nada tem a ver com perfeição física, e sim com a maneira como você se comporta. Para realizar uma sedução subliminar bem-sucedida, você precisa se concentrar em determinados fatores:

1. O sedutor deve ser capaz de controlar suas emoções para induzir a outra pessoa a concentrar a atenção em um aspecto particularmente fascinante de seu caráter. Por exemplo:

    a) Tente ser ousado no primeiro encontro. Se uma parte de você quer tocar a outra pessoa, faça isso.

b) Não perca muito tempo pensando.
c) Olhe a pessoa nos olhos o tempo todo.

2. Com total convicção, transmita uma mensagem sedutora – você terá a gratidão e o reconhecimento da outra pessoa. Por exemplo: Descubra algo sobre a vida amorosa da pessoa e mencione isso, como se você fosse paranormal, com paixão, como se pudesse sentir o que ela sentiu.

Estratégias para a sedução subliminar

- ♥ Seja imprevisível. Sempre se comporte de um jeito diferente do esperado.
- ♥ Quando perceber a oportunidade e for o momento certo, experimente estratégias variadas. Por exemplo:

  1. Tente demonstrar animação na conversa. Mostre seu senso de humor, mas não faça piada de si mesmo. Em um próximo encontro, você pode mostrar seu lado mais sério/reservado.
  2. Convide a pessoa para jantar em sua casa. Use ingredientes picantes e sirva uma sobremesa doce – o amor vem pela boca.
  3. Mude constantemente o modo de arrumar os cabelos e de se vestir, para evitar ser rotulado.
  4. Experimente perfumes diferentes até encontrar um que fascine a pessoa.
  5. Injete uma impressão de mistério na conversa.

- ♥ Seja audacioso e ousado. Se pensar, faça. Não diga: "Posso beijar você?" Ande logo e beije! É melhor se lamentar por ter feito algo do que por nunca ter tentado.
- ♥ Use o elemento-surpresa. Dê presentes originais e faça planos incomuns para seus encontros, mas não sufoque a pessoa.
- ♥ Faça suspense. Não coloque todas as cartas sobre a mesa de uma só vez.

♥ E não se esqueça: o jogo da sedução tem infinitas variedades, tão ilimitadas quanto as emoções que o inspiram.

A satisfação da sedução subliminar vem de observar o sucesso das técnicas que você experimenta e aperfeiçoa. Com um pouco de prática, você vai deixar louca de desejo qualquer pessoa que tenha em vista. Experimente hoje, e logo terá posto em prática sua primeira sedução subliminar.

> ## 𝒜 REGRA DE OURO
> Na sedução subliminar, você precisa sempre assumir responsabilidade por aquilo que inspira.

MESTRES NA ARTE DA SEDUÇÃO: SEDUZIR OU SER SEDUZIDO?

> A sedução é um jogo de espelhos: acreditamos que seduzimos os outros com nossa aparência e mistério, despertando sua curiosidade, estimulando sua energia sexual, procurando fraquezas ou forças que os atraiam. Mas, muito provavelmente, eles já nos seduziram.

Sedução para todos os gostos

Há sedutores por toda parte e para todos os gostos, mas há também algumas pessoas que se empenham em conquistar o coração de alguém sem saber exatamente por que fazem isso. É importante conhecer os diferentes perfis desse tipo de sedutor – para evitar se deixar levar por eles e talvez aprender a melhorar o jogo da sedução sem levá-lo tão a sério.

Muitos desses sedutores atacam indiscriminadamente, para agradar os outros ou reafirmar a própria autoestima. Na verdade, só amam a si mesmos, e é difícil sentirem qualquer coisa por outra pessoa. Eles precisam de constante reafirmação de que são atraentes e queridos, porque, por baixo da fachada, são profundamente inseguros.

Esses conquistadores podem ser vistos em abundância nas grandes cidades, e seus métodos podem causar enorme confusão. A seguir, apresento um resumo dos principais perfis, para que você evite a armadilha dos tipos "ame-os e deixe-os".

OS FÓBICOS AO AMOR

Os tipos que têm fobia ao amor costumam ser extremamente sedutores, mas quase nunca estabelecem um relacionamento de verdade. Suas "vítimas" sempre ficam com a sensação de que não satisfizeram plenamente as expectativas do sedutor, ou de que fizeram algo errado. O relacionamento com um indivíduo que tem fobia ao amor fracassa porque este tipo de pessoa tem medo de conseguir aquilo que supostamente quer. Embora sejam pessoas que dominam a arte da sedução e todas as suas técnicas, são incapazes de manter um relacionamento verdadeiro, porque seu nível de narcisismo é tão grave que elas temem um contato íntimo. Acabam inventando todo tipo de desculpas e só são felizes quando estão sozinhas.

OS LISONJEADORES

É possível identificá-los de longe. Os métodos dos lisonjeadores são tão óbvios que se tornam cansativos. Quando se aproximam de alguém, geralmente desejam mais aceitação social que gratificação sexual. Sua meta não é satisfazer a outra pessoa, mas ser admirados por todo mundo. Envolvem-se em conversas superficiais até encontrar um ponto fraco – e aí dão o bote. O homem lisonjeador sabe que, se disser a uma mulher não muito atraente que ela é linda, ela não vai pensar que ele está mentindo, e sim que tem bom gosto. A mulher lisonjeadora faz um homem se sentir o mais esperto e inteligente do mundo, além de o mais bonito.

OS MANIPULADORES

Ao contrário de outros sedutores compulsivos, os manipuladores não procuram poder sexual, e sim social. Costumam se aproveitar de sua boa aparência para se promover e chegar à posição social que almejam. De modo geral, os manipuladores usam poder financeiro e atração física para explorar e humilhar, ou usam suas vítimas como meios para seus fins.

OS SÍMBOLOS SEXUAIS

Mulheres: Dá para reconhecer uma mulher símbolo sexual só de olhar para ela. Sua meta é gerar excitação o tempo todo. Ela se veste de maneira provocante e deixa claras suas intenções de dominação sexual. Adora ser o centro das atenções. O que ela diz ou faz não importa – e sim o modo de dizer ou fazer. Sua linguagem corporal é poderosa, e a mensagem enviada é inconfundível: ela quer a atenção de todos os homens. É difícil saber se ela pretende ir até o fim com a sedução, ou se o mero fato de saber que *é capaz* de seduzir os homens à sua volta basta para satisfazê-la.

Homens: O modo de se vestirem pode variar, mas a atitude de extrema autoconfiança desses homens pode ser sufocante. O símbolo sexual masculino tem certeza de que as mulheres sentem uma atração irresistível por ele, pois se considera bom demais. Ele não precisa usar roupas insinuantes para comunicar seu objetivo, mas tem de demonstrar autoconfiança física e mental. A conquista sexual é um forte impulso. O que mais excita esse homem é saber que a mulher mais bonita do lugar está olhando para ele.

A CRIANÇA PERDIDA

Mulheres: A criança perdida parece muito vulnerável (mesmo que tenha mais de 50 anos). Ela se aproxima dos homens com um falso ar de inocência e inexperiência e irradia um erotismo adolescente, muito diferente da sexualidade deliberada e premeditada que os vampiros usam para agarrar suas vítimas nos filmes. Essas mulheres parecem inseguras e sem muito controle do que fazem. Seduzem um homem lançando-lhe um olhar singelo, como se estivessem extasiadas por tudo que ele diz. Não mantêm contato visual por muito tempo, baixam os olhos rapidamente para depois erguê-los de novo, tímidas e inseguras, como se o olhar do homem fosse magnético e poderoso demais para sustentarem.

Homens: Este tipo de homem se torna atraente para algumas mulheres agindo como vítima, como se precisasse de ajuda e proteção. Para seduzir uma mulher, ele a faz pensar que precisa dela desesperadamente, independentemente da idade de ambos. Ele adota o papel da "criança" no relacionamento, o que para algumas mulheres é muito atraente. Enquanto a versão feminina da criança perdida não costuma irritar outras mulheres, o tipo do garoto perdido é detestado pelos outros homens.

Somente quando nos sentimos confortáveis e completamente à vontade com nossa sexualidade e nossa personalidade é que conseguimos ser seletivos na hora de seduzir e ser seduzidos. Lembre-se sempre de olhar fundo nos olhos da pessoa e tentar decifrar as verdadeiras intenções dela, para determinar se ela merece sua genuína afeição.

A sedução é o primeiro passo para a aproximação de duas almas, mesmo que apenas por um instante.

AS TÉCNICAS DE SEDUÇÃO DELE E DELA

> As técnicas de sedução não são algo fixo e imutável. O importante é combinar todos os ingredientes disponíveis da maneira certa para criar sua versão da dieta do amor.

Para ela

Você com certeza vai irradiar charme se usar estes métodos, e fará o homem escolhido cair a seus pés.

A OUSADA

Para conquistar o amor e a devoção até do homem mais difícil, projete a imagem de uma mulher atrevida e confiante. É importante se vestir de modo sexy, mas cuidado para não cair na vulgaridade, com decotes exagerados e saias muito curtas e apertadas. Ousadia é uma atitude interior, e você precisa saber o que quer antes de liberar todo o poder de seu charme sobre um homem...

Comece com alguns olhares sensuais. Sorria de modo provocante, misterioso, mas não muito aberto. Use apenas a maquiagem necessária para acentuar o brilho natural de seus olhos.

Após alguns gestos provocantes e sensuais – e quando já tiver conseguido a atenção dele –, é hora de se aproximar lentamente, usando seu tom de voz mais doce e sexy. Aproxime-se do rosto dele e diga algo leve e espirituoso:

"Eu conheci você nesta vida ou numa outra?"

"Nós já nos conhecemos, ou só vi você em meus sonhos?"

"Desculpe se deixei você esperando, estou aqui agora. Você estava me esperando, certo?" (Claro que se você for usar essa última, num bar ou boate, observe o alvo por um bom tempo para ter certeza de que ele não está esperando outra pessoa.)

Se você se afastar logo após essas entradas, ele não terá outra escolha a não ser pedir que fique. Se ele não pedir, vá embora bem devagar. Se o homem que a atrai não tentar impedi-la de ir embora, experimente usar um olhar suave, como se o estivesse acariciando com os olhos, antes de se afastar.

Após iniciar a conversa, pode ser divertido usar frases de duplo sentido e injetar um pouco de sensualidade no diálogo.

*A*LGUNS CONSELHOS MUITO PESSOAIS PARA AJUDÁ-LA A AVANÇAR!

A TODAS AS MULHERES TÍMIDAS QUE NÃO TÊM CORAGEM DE DAR O PRIMEIRO PASSO, QUERO CONTAR UMA HISTÓRIA PESSOAL.

Certa noite, fui a uma boate com minhas amigas e percebi que estava ficando cansada de falar sempre do mesmo assunto: homens. Então, disse a mim mesma: "Mabel, você pode conversar com suas amigas outro dia, mas talvez esteja perdendo a oportunidade de conhecer um homem bonito e interessante neste exato momento. Em vez de reclamar dos homens, tente conhecer um". E resolvi sair numa missão de reconhecimento para ver as possibilidades disponíveis.

Encontrei um local estratégico de onde podia observar todo mundo na boate. Àquela altura, eu simplesmente não aguentava mais ser uma mulher passiva, esperando que um homem chegasse até mim. Olhei ao meu redor como um gavião em busca da presa, percorrendo com os olhos toda a boate.

De repente, um homem me chamou a atenção. Não era exatamente o homem dos meus sonhos, mas parecia haver algo de muito bom nele. Por algum motivo, parecia uma pessoa agradável. Ele estava andando pela boate de maneira um tanto hesitante e parecia em dúvida se deveria ou não se aproximar de uma mulher que estava observando.

Após acompanhar seus movimentos por algum tempo e ver que ele nada fazia, aproximei-me e disse: "Você gostou daquela moça? Pena que eu não a conheço, pois adoraria apresentá-la a você". Ele me olhou e respondeu: "Não, não é nada disso. Na verdade, é em você que estou interessado... Posso lhe pagar um drinque?"

Acho que usei a abordagem ousada com um toque de inocência, mas os resultados foram ótimos. Por isso, é muito importante você usar um método que tenha a ver com seu estilo pessoal. Encarar o desafio de me aproximar diretamente de um homem pela primeira vez foi uma experiência interessante. Acho que, se não tivesse tido coragem de me aproximar dele, não teríamos tido um adorável relacionamento por três anos. Ambos evoluímos e mudamos, e o relacionamento não durou para sempre, mas fico feliz por ter tido a experiência, pois aprendemos valiosas lições de amor em todos os relacionamentos. Principalmente agora, que sou tão feliz no casamento, posso me lembrar daqueles dias com uma doce nostalgia.

A INOCENTE

Este estilo de sedução dá às mulheres um poder peculiar sobre os homens. Uma mulher muito conhecida que usava este método e obtinha ótimos resultados era Marilyn Monroe.

A inocente pode se dar bem usando roupas e maquiagem sexy, e é comum ela usar trajes românticos, como vestidos delicados e blusas femininas. Somente naquele dia especial, em que decidir deixar seu homem louco, ela usa aquele vestido preto sensual.

A inocente reage à conversa de um homem com um sorriso bonito, só fala o que for necessário – e quase nunca de si. Parece tímida e nunca toma a iniciativa. Com uma doçura sempre presente, ela age como se tudo a surpreendesse, mas sabe muito bem que os homens gostam de embarcar em aventuras e correr riscos. Ela sempre o acompanha aonde quer que ele vá, adotando uma atitude passiva e complacente. Faz perguntas sobre coisas que desconhece e depois baixa o olhar, como que grata pelas respostas.

Esta é uma técnica que exige muita prática para mulheres que não são normalmente tímidas ou quietas. É perfeita para as que gostam de interpretar um papel tradicional.

A BELA INTELIGENTE

Esta é uma mulher que sabe que é muito bonita, mas pode se sentir um pouco confusa e achar que os homens subestimam sua inteligência. O que ela não sabe é que há um mundo de possibilidades à sua frente.

Ela usa todo seu magnetismo pessoal e perspicácia na conversa. Sempre tem a palavra final, terminando suas histórias com um toque de humor ou um fim inesperado. O sorriso e a esperteza são suas armas mais eficazes de sedução, e ela sempre sabe como dar conselhos – sobre trabalho, vida, amor. Precisa evitar a zanga quando sente que as pessoas às vezes só a enxergam como um belo objeto. Costuma cativar o homem desejado com uma técnica eficiente de baixar os olhos e não interrompê-lo quando ele tenta explicar algo que ela já sabe. O mais importante é complementar sua inteligência natural com um ar de mistério e sedução.

A DESCONCERTANTE

Esta abordagem é uma de minhas favoritas. Sempre a usei, e às vezes ainda a uso com meu marido. Gosto dela porque tanto os homens quanto as mulheres costumam rotular as pessoas. Mas nunca se pode ter certeza do que a pessoa desconcertante vai fazer ou o que quer. Com esse método, você vai chamar a atenção de todos. Não é a melhor abordagem para usar com um homem muito frio e distante, mas a longo prazo sempre funciona.

É preciso contar com a intuição para detectar rapidamente a fraqueza do outro e usá-la a seu favor. Por exemplo, se ele tem cabelos e olhos escuros, você pode inocentemente mencionar que adorou Jude Law em seu último filme, com aqueles cabelos loiros e olhos azuis. Nada perturba mais um homem que não ser visto como o mais belo.

Uma técnica muito eficaz e que o pegará desprevenido é dar um beijo profundo e sensual quando ele não estiver esperando (veja o capítulo sobre beijos), principalmente se vocês estiverem discutindo ou apenas tendo uma diferença de opinião que não pode ser resolvida, mas que não é um problema sério.

Esta abordagem de sedução sempre funciona. Você pode ser tão desconcertante que, a princípio, ele vai sair com você só por curiosidade, para ver o que acontece a cada encontro. Mas no fim, se implementar esta técnica com um pouco de ternura, ele vai adorá-la e não poderá viver sem você.

---

*I*MPORTANTE

Lembre-se sempre de que a fase da sedução não termina quando vocês se casam ou ficam noivos. Após ter seduzido seu príncipe, continue conquistando o coração dele a cada dia, como se estivesse para sempre vivendo o primeiro encontro. Nunca pare.

Para ele

A primeira coisa a lembrar é que, em quase todos os casos, é a mulher que escolhe o homem, e não o contrário. Mas você certamente vai conseguir a mulher de seus sonhos se usar as técnicas e os métodos de *A dieta do amor*.

O CAVALHEIRO CHARMOSO

Para triunfar na batalha do amor, o homem deve possuir certas qualidades essenciais. O cavalheiro charmoso é tão educado que sua aparência não importa, pois sua mera presença gera uma luz especial. Seus modos evocam um sentimento de calor humano, apreciação e bom humor natural. Com seu sorriso e sua aura de ternura, ele pode seduzir até a mulher mais difícil.

♥ Sempre bem-humorado e agradável em todas as conversas e interações sociais, o cavalheiro charmoso aceita tudo.
♥ Por causa de seu bom temperamento mesmo diante da rejeição, as mulheres se sentem intrigadas quando ele age como se nada o perturbasse.
♥ Suas mensagens e ações são sempre positivas, e tudo que ele diz tem um toque de humor e galanteio.
♥ O cavalheiro charmoso abre a porta, puxa a cadeira para ela se sentar no restaurante e a ajuda a colocar e tirar o casaco. As mulheres ficam loucas com esse tipo de atenção.

A ALMA SENSÍVEL E TORTURADA

O homem de alma sensível e torturada fala de coisas e pessoas que ama e com as quais se importa. Diz que suas antigas parceiras não o entendiam, porque ele é muito sensível. Fala de como ama a família e os amigos. Fala de livros românticos e belos poemas de amor. Ele sabe alguns poemas de cor e recita versos constantemente. Leva a mulher para ver filmes românticos e a segura pela mão, e seus olhos se enchem de lágrimas nas cenas emocionantes. Para ser a alma sensível e torturada, você precisa projetar uma profunda necessidade de ser amado e protegido e parecer o mais doce possível.

O INTELECTUAL

Esta abordagem não é a mais sensual de todas, mas você pode usá-la para atrair mulheres que tendem a gravitar em torno de homens inteligentes. Aproveite cada oportunidade que tiver para demonstrar quanto você sabe, impressionando-a com a extensão de seus conhecimentos. Evite ser muito passivo nas conversas, mostre sempre abertura para falar de qualquer assunto e descubra quais são os interesses dela, pesquise-os e partilhe com ela tudo que você aprendeu. Mas cuidado para não usar esta técnica com uma mulher muito ardente e carnal. Ela vai sair correndo em dois segundos, talvez usando a velha desculpa: "Preciso ir comprar cigarros" – mesmo que não fume.

O ROMÂNTICO

O romântico gosta de todos os tipos de mulheres, sem exceção. Esta abordagem de sedução é semelhante à da alma sensível e torturada, exceto pela aparência de tristeza – você precisa sempre tentar parecer "apaixonado pelo amor". Se vocês estiverem no restaurante e ela pedir licença por um instante, deixe um bilhete ou um chocolate no prato, para ela encontrar na volta. Mande flores regularmente, mesmo que seja uma única flor por semana. Envie *e-mails* ternos, ou telefone só para dizer que sentiu falta dela. Fale sobre a natureza – os pássaros, a cor do céu, o perfume das flores. Tenha sempre uma música romântica em mãos e convide-a para dançar, devagar e com sensualidade, sempre que surgir uma chance – mesmo que seja no meio da Quinta Avenida. Preste sempre atenção nas necessidades dela, principalmente quanto a beijos, abraços e demonstrações de carinho.

De modo geral, é difícil para os homens manter a paixão depois que já conquistaram a mulher. Não perca a sensualidade e continue com os gestos românticos, para que ela se sinta importante, amada e verdadeiramente adorada.

Quando tiver completado a fase inicial da sedução, você vai precisar aprender a misturar os ingredientes essenciais para um relacionamento altamente sensual e amoroso com a pessoa que você ama.

2
COMO SER O PERFEITO AMANTE LATINO

Você me fez revelar por completo.
Agora, ninguém pode partir meu coração.
Com sua arte da sedução, abandonei minhas defesas.
Você derrubou os muros de minha fortaleza com sua doce ternura.
Por sua causa, me sinto como uma mulher de verdade.
Seus sussurros apaixonantes me envolvem.
Ame-me, enquanto nossos corpos dançam juntos.
Sou sua, completa e incondicionalmente.

A REPUTAÇÃO DO AMANTE LATINO

> Em *A dieta do amor*, examinamos muito bem o tema da sedução, por isso não poderíamos ignorar o magnetismo especial, ideal e único dos amantes latinos. Eles possuem técnicas e práticas próprias de sensualidade e paixão.

Os latinos são conhecidos como os mais românticos e apaixonados amantes. Desde a época de Rodolfo Valentino, que personificava o amante latino no cinema, até hoje, quando alguns astros da música e do cinema interpretam o papel com perfeição, os latinos são conhecidos por uma coisa: a sedução. Para homens e mulheres que queiram aperfeiçoar a arte sensual de amar ao estilo latino, eis alguns pontos essenciais que devem ser lembrados:

- ♥ **Autoconfiança:** Independentemente de idade, sexo ou posição social, você deve projetar confiança na arte do amor, mesmo que esteja nervoso e seja seu primeiro encontro sexual com alguém que você deseja ardentemente.
- ♥ **Confiança:** Você precisa ganhar a confiança de seu alvo. Precisa fazer com que a pessoa desejada se sinta à vontade com o próprio corpo, talvez como nunca tenha se sentido antes. Caso perceba medo ou inibição criando um bloqueio sexual, pare.
- ♥ **Persistência:** Um esforço persistente mostrará ao objeto de seu desejo que você está determinado a conquistar o coração dele. Comunique sua resolução e energia interior por meio do olhar, das palavras e de sua paixão. Faça com que a pessoa amada compreenda o magnífico prazer que você pode lhe dar, e cause uma impressão inesquecível.
- ♥ **O corpo fala:** É muito importante alimentar a energia de seu parceiro ou parceira com seu corpo. Se transferir sua energia por meio de abraços, beijos e carícias, você vai aumentar seu nível de excitação e despertar um grande desejo na pessoa amada.
- ♥ **Intuição:** Não conte apenas com a comunicação verbal para seduzir. Você precisa expressar seu desejo erótico. É vital desenvolver a intuição, ouvir o que o outro está dizendo com o coração, não com palavras. Se você conseguir se ligar à outra pessoa com a mente e o coração totalmente relaxados, compreenderá, no nível mais profundo, essa coisa apaixonante e misteriosa que chamamos de amor.

- ♥ **Doçura na voz:** Tanto os homens quanto as mulheres podem praticar a modulação do tom de voz. Uma boa maneira de fazer isso, para garantir o tom mais doce e sexy possível, é praticar com um gravador. Grave-se lendo um poema ou texto romântico e depois escute. Repita até que o tom esteja do jeito que você quer e a respiração esteja relaxada e controlada. Você alcançará resultados deliciosos e sensuais em pouco tempo!
- ♥ **Atitude de proteção:** A pessoa amada precisa se sentir protegida e segura também fora do quarto, para se doar sexualmente por inteiro. Protegê-la é uma boa maneira de criar intimidade, ternura e paz de espírito quando chega o momento de fazer amor.
- ♥ **Poder e carisma:** Uma demonstração inesperada de força é particularmente estimulante para a pessoa amada. Se você sempre prestar atenção nos desejos dela, mesmo com algo simples como um pequeno presente inesperado ou uma surpresa, até as mais difíceis conquistas serão bem-sucedidas.
- ♥ **Seus movimentos:** Ao andar, seja você homem ou mulher, pense e projete sua sensualidade. Se seus movimentos forem desengonçados e um tanto duros, não serão vistos como sensuais. Mas não exagere, apenas tente se mover com graça e suavidade. Lembre-se dos amantes latinos imortalizados por Hollywood – eles se movem como gatos.
- ♥ **Sensualidade:** Uma pessoa sensual é literalmente aquela que provoca uma reação nos sentidos da outra, inspirando sexualidade, excitação, admiração, estímulo etc. Não se trata de ser fisicamente belo – o segredo é estar totalmente à vontade consigo mesmo e projetar esse sentimento. Se tiver uma foto sua da qual você gosta, tente visualizá-la sempre que começar com a autocrítica, ou quando não se sentir bem consigo mesmo. Expresse sua sensualidade, usufruindo a energia positiva que você recebe da pessoa amada.
- ♥ **Jogos sexuais:** Invente jogos eróticos diferentes para estimular você e seu parceiro ou parceira. Vocês podem tentar posições do *Kama sutra*, fazer sexo por telefone ou usar qualquer técnica descrita na segunda parte deste livro.

♥ **Celebração:** Um encontro com a pessoa amada deve ser sempre uma celebração. Você precisa compreender plenamente as necessidades e os desejos dela, para saber o que a faz feliz e lhe dá prazer.

Com equilíbrio entre romance e sensualidade, qualquer encontro pode ser inesquecível.

Dezenove segredos essenciais para ser um amante latino

1. Observem o pôr do sol e contemplem as estrelas juntos.
2. Descubram perfumes e aromas que vocês dois apreciem.
3. Elogie o corpo e a personalidade da pessoa amada o máximo possível, principalmente na frente dos outros.
4. Toque discretamente as partes íntimas da pessoa amada, mesmo em lugares públicos.
5. Quando vocês se entreolharem, esqueçam tudo e todos à sua volta. Formem um círculo no qual ninguém mais possa entrar.
6. Não se esqueça do poder do olhar magnético, como o primeiro que vocês trocaram.
7. Sussurre "Eu amo você" no ouvido dele ou dela.
8. Criem rituais próprios de fazer amor.
9. Escreva um poema de amor para seu parceiro ou parceira. Mesmo que seja simples, parecerá o mais lindo do mundo.
10. Cante para ele ou ela, mesmo que seja na cama.
11. Cozinhe algo afrodisíaco... e vista pouca ou nenhuma roupa.
12. Encontre lugares incomuns para fazer amor, principalmente aqueles que você sabe que seu parceiro ou parceira aprecia.
13. Escreva pequenos bilhetes de amor e espalhe-os pela casa, para que seu amor os encontre.
14. Segure com frequência a mão da pessoa amada – no cinema, na rua, no carro, em casa.
15. Invente um coquetel com o nome da pessoa amada. Se ela não toma bebidas alcoólicas, pode ser feito com sucos de frutas.

16. Façam amor à luz de velas, com o toque de uma música romântica ao fundo.
17. Estude os diferentes tipos de beijos, carícias e massagens descritos nas diversas seções deste livro.
18. Tire fotos de todos os momentos especiais juntos e faça um álbum de sua própria dieta do amor.
19. Esteja sempre ciente do que seu parceiro ou parceira diz (com ou sem palavras), como e onde diz. Aprender a ouvir é o componente mais importante da atitude do amante latino.

COMO CONQUISTAR UMA LATINA

Uma mulher latina não tem de necessariamente ser hispânica ou da América Latina, como sugere o senso comum. As latinas podem ser descendentes de italianos, gregos, portugueses, romenos ou franceses, além de muitas outras nacionalidades.

Os mitos sexuais atribuem uma natureza apaixonada à mulher latina. Numerosos preconceitos culturais afetam essas mulheres e influenciam o modo como elas interagem nos relacionamentos românticos – e até como flertam. Que mitos são esses? Como é ter uma amante ou um amante latino?

Como seduzir uma latina

Para conquistar o coração de uma latina, não é preciso usar fórmulas secretas nem poções mágicas. Mas também não é uma tarefa simples. As pessoas tendem a estereotipar as mulheres e classificar sua intensidade sexual de acordo com a origem étnica. Mas na verdade, assim como a mulher europeia ou anglossaxã não é necessariamente "fria", as latinas não são necessariamente "quentes".

ALGUMAS RECOMENDAÇÕES
- ♥ O segredo para conquistar o coração daquela latina especial em sua vida é ser bastante decidido em tudo que você faz.

- ♥ Mostre que você é sensível, que não tem medo de chorar na frente dela, mas também não seja um chorão o tempo todo.
- ♥ Seja protetor, mas não de maneira óbvia demais, ou ela se sentirá sufocada.
- ♥ A mulher latina procura um homem cujo lado sensível esteja em equilíbrio com o lado sério, racional.
- ♥ Seja enérgico, sensual e ardente, mas no momento certo mostre seu lado meigo, carinhoso.
- ♥ Mostre a ela que você tem os pés na realidade e sabe o que quer.
- ♥ Seja cavalheiro, seja romântico.
- ♥ Seja original e criativo em tudo que fizer. Por exemplo, se estiverem num restaurante e, por algum motivo, ela sair da mesa, deixe um bilhete embaixo do prato dela. Se vocês moram juntos, deixe recados no espelho do banheiro.
- ♥ Tente ser generoso. Compartilhe com ela interesses, amigos e a vida de modo geral. Seja sempre cortês e educado.
- ♥ Compartilhe com ela seus segredos, planos e sonhos para o futuro – você vai descobrir que ela não só é excelente amante, mas também pode lhe dar muito apoio.
- ♥ Dê a ela pequenos presentes, mesmo que seja uma única flor colhida por você mesmo, e mostre como se importa com ela.
- ♥ Escreva ou recite um poema para ela. Não é preciso fazer uma serenata debaixo da janela, mas, se fizer, ela vai amar.

Não pense em sua amante latina como o arquétipo do cinema. As latinas são heroínas do dia a dia. São excelentes mães, trabalham muito e não têm medo do sucesso. Também são sensuais e querem ser tão bonitas por dentro quanto por fora.

COMO CONQUISTAR UM LATINO

Os latinos têm uma reputação semelhante: sensuais, quentes e sempre apaixonados. O homem latino parece estar sempre pronto para ir para a cama, mas essa reputação não o ajuda quando quer encontrar uma parceira de verdade, não apenas uma diversão. De modo geral, formar família e criar filhos são prioridades para os latinos. Quanto às latinas, esse é um ponto importante que elas consideram na hora de escolher um parceiro.

Algumas recomendações

- ♥ Não fique envergonhada quando ele olhar para você. Os homens têm predileção por certas partes do corpo (seios, glúteos, pernas etc.), e a maioria mostra essa tendência quando olha para as mulheres. Essa inclinação é particularmente grande nos latinos. Os olhos são as janelas da alma, mas a alma não é a primeira coisa que eles procuram. Para a primeira impressão, outras coisas são mais importantes. Embora eles não notem sua beleza interior imediatamente, empenhe-se em mostrar autoconfiança no corpo e na aparência. Até sentir alto nível de confiança nele, não seja franca demais nas conversas e não o elogie muito. No começo, apenas ofereça atenção, respeito e amizade.
- ♥ Seja flexível em sua abordagem e esteja pronta para se adaptar às situações em que ele a colocar. Qualquer que seja sua estratégia, projete sempre um ar de autoconfiança.
- ♥ Adote uma aura de mistério em torno de suas atividades e de si mesma. Mesmo que você seja extrovertida, é bom deixá-lo curioso a seu respeito.
- ♥ Tente encontrar um equilíbrio entre ter um bom papo e ser uma boa ouvinte. Não fale de si o tempo todo – pergunte sobre o trabalho, os amigos e a família dele. Inicie conversas sobre assuntos que sejam do interesse de vocês dois.
- ♥ Se você estiver disposta a se casar e formar família, deixe isso claro, mas não seja enfática demais nem diga que está com pressa, pois ele certamente vai ficar assustado.
- ♥ Pergunte quais são os pratos favoritos dele, pois o caminho para o coração de alguns latinos passa pelo estômago!

♥ Sempre demonstre gentileza e boa vontade em relação à mãe dele, principalmente no começo do relacionamento, pois talvez ele tenha um pouco de complexo de Édipo.
♥ Não dê conselhos sem que ele peça. Isso pode fazer com que ele a veja de maneira diferente ou se sinta competitivo em relação a você.
♥ O homem latino – aliás, os homens em geral – precisa se sentir necessário em sua vida. Não aja de maneira que pareça que está pedindo caridade, apenas se mostre feminina. Deixe-o abrir as portas para você; deixe-o vir socorrê-la.

Os latinos precisam de um amor baseado em confiança, aceitação e apreciação. Não se esqueça desses pontos importantes se quiser mesmo conquistar o coração dele.

3

CARÍCIA, ABRAÇO E BEIJO: DIETAS PARA O PRAZER IRRESISTÍVEL

Você abriu meu coração com seu toque e, abraçando-me com força, descobriu meu corpo. Seus beijos profundos desnudaram minha alma, e nesse momento nossos braços se tornaram asas.

TOCAR, BEIJAR E ABRAÇAR

Neste capítulo, você vai encontrar as técnicas perfeitas que vão ajudá-lo a se tornar um amante inesquecível. Desde o primeiro toque até o último beijo, você será capaz de sentir o amor fluindo através e em direção a você. Prometo que, se seguir todos os passos, suas mãos, sua boca e seu estilo pessoal de fazer amor deixarão uma impressão permanente em qualquer pessoa que experimente o raro prazer de estar em seus braços.

Usando os três pilares do contato amoroso – carícia, abraço e beijo –, você vai aprender como se aproximar da pessoa desejada desde o primeiro encontro.

Quem não se lembra do primeiro beijo? Não é difícil, mesmo que tenha sido há muito tempo. Lembrar, porém, do primeiro abraço ou carícia já é mais difícil, porque são ações mais puras e mais autênticas.

Os relacionamentos amorosos sempre começam com uma carícia suave, aquele primeiro toque que eletrifica a pele, despertando os sentidos e acendendo as zonas erógenas. Usar o tipo certo de toque desde o começo pode facilitar muito a jornada pela estrada do sexo. A primeira carícia, nas mãos ou nos lábios, pode assinalar o início de um relacionamento; e um carinho delicado pode ser o primeiro sinal de uma reconciliação.

Ao seguir os passos deste capítulo de *A dieta do amor*, você vai descobrir a arte de tocar outra pessoa com as mais delicadas carícias e as mais intensas massagens, como um mestre escultor que, com as próprias mãos, cria um belo corpo, infundindo-o com sua energia, amor, paixão, força vital e poder.

UMA RECEITA ESTIMULANTE E REJUVENESCEDORA DE CARÍCIAS

> Como são as carícias? Elas podem ser inocentes, profundas, deliciosas, fortes ou ternas. Podem ser toques suaves com as pontas dos dedos, uma massagem com óleos especiais ou o contato total entre dois corpos.

Muitos casais se limitam a carinhos breves, rápidos e superficiais. Recorrendo sempre aos mesmos e velhos toques, eles acabam ficando imunes a esses gestos, e tudo vira uma rotina monótona, em que há apenas indiferença e possivelmente tédio. Para gerar novas e excitantes emoções, você precisa explorar o corpo inteiro de seu parceiro ou parceira, de maneira única e sensual.

Costumo recomendar que os casais há muito tempo juntos observem a diferença significativa que existe entre tocar diretamente uma zona erógena e explorar o toque em qualquer parte do corpo do outro. Tocar uma zona erógena, no contexto de uma exploração plena do corpo, é uma experiência nova e deliciosa. É como descobrir toda uma nova área para acariciar e afagar – a energia gerada por esse maravilhoso toque lembra a primeira vez que o casal esteve junto. Além disso, essa forma de toque permite que o casal explore um ao outro sem necessariamente culminar numa relação sexual completa. É um modo muito delicado de explorar o corpo um do outro e descobrir do que cada um gosta.

As zonas erógenas não se limitam a poucas áreas do corpo. Todo o corpo humano pode ser erótico, e cada área pode alcançar seu potencial pleno de prazer ao ser tocada de maneira profunda e sensual.

Quanto mais sincera, completa e minuciosa for a exploração mútua dos corpos, mais rico será o vocabulário de amor do casal. Essa manifestação e expressão de afeição física é essencial para alcançar a harmonia sexual em qualquer relação.

Dominar a arte da carícia também significa aprender a ser acariciado, deixar o parceiro ou a parceira explorar seu corpo, e aprender a deixar que a intuição guie suas mãos até o local exato em que a outra pessoa quer ser tocada.

Quando o corpo experimenta as carícias do verdadeiro amor, ele ganha nova vida e se torna um instrumento de pura beleza!

Acariciar é beijar com as mãos

A carícia é um dos principais caminhos para despertar e canalizar a energia sexual. Quando é usada de forma consciente e em todas as sutis variações, você nota que suas mãos não terminam nas pontas dos dedos e os efeitos das carícias não terminam na superfície da pele. O corpo se enche de uma enorme quantidade de energia, que podemos chamar de "força vital". As culturas orientais ensinam que o fluxo de energia de cada corpo pode ser estimulado e canalizado de maneira consciente com os dedos ou a palma da mão.

Há quatro partes da mão que transmitem diferentes formas de energia e sensação à pessoa que está sendo tocada. Você pode usar todas elas quando acariciar seu amor:

- ♥ as pontas dos dedos;
- ♥ a base dos dedos;
- ♥ a palma da mão;
- ♥ as juntas.

Os praticantes do tantra acreditam que o calor do corpo é, na verdade, um fogo vital aceso. Quando tocamos o corpo da pessoa amada, podemos imaginar e sentir a energia incandescente emanando de nossas mãos e dedos, e podemos sentir o fogo de nosso corpo se encontrando e se fundindo com a energia e o fogo internos da outra pessoa. As filosofias orientais identificam diferentes formas de toque:

- ♥ **Toque estático:** Percebido por meio da energia natural do corpo. *Exercício:* Encoste as mãos em seu parceiro ou parceira. Mantenha-as paradas e direcione conscientemente a energia da mão direita para a outra pessoa, através dela, depois aceite conscientemente o retorno da energia até você, através de sua mão esquerda. Você pode pensar no toque estático como um jogo de transmissão e recepção de energias criadas quando a energia do seu corpo se funde com a de seu amor.
- ♥ **Toque ativo:** Contato breve ou prolongado com a superfície da pele da outra pessoa.
  Exercício: Toque levemente ou massageie devagar o corpo da pessoa e sinta a energia que você está transmitindo. Faça movimentos circulares com as mãos, ou trace espirais ou triângulos sobre a pele. Observe como a energia de suas mãos se encontra e se funde com a energia do corpo da pessoa amada, e ambas se tornam uma única força de prazer.
- ♥ **Beliscões:** As sensações produzidas por beliscões ou por um aperto na pele podem ser muito prazerosas. Pratique com gestos breves

e simples por todo o corpo de seu parceiro ou parceira. Faça movimentos como se estivesse amassando uma massa de pão e dê leves beliscões com as pontas dos dedos.

Exercício: Use o polegar e o indicador ou experimente este exercício com os lábios. Em ambos os casos, você precisa exercitar grande sensibilidade para produzir o efeito desejado. Segure uma área da pele da outra pessoa entre os dedos e a massageie com delicadeza, sentindo como essa parte isolada gera calor e energia próprios. Faça isso devagar e com cuidado, para que a energia do parceiro ou parceira comece a fluir de maneira concentrada naquela área específica.

- **Arranhões:** Arranhar é como acariciar, mas com as unhas. Espalme a mão e, ao mesmo tempo, mova as unhas bem suavemente sobre a pele. A pessoa que faz este tipo de massagem não deve deixar nenhuma marca sem antes pedir permissão à outra. Algumas pessoas adoram este tipo de toque. A parte preferida do corpo para esta carícia são as costas.

Exercício: Faça uma massagem profunda em seu parceiro ou parceira com as pontas dos dedos (mas sem usar as unhas, se a pessoa não gostar). Se vocês dois gostarem, pode incluir as unhas na massagem, mas com um toque muito leve e carinhoso. Arranhar ajuda a estimular o fluxo sanguíneo, aumentando a sensibilidade.

- **Tapinhas e palmadas leves:** Tapas e palmadas suaves podem rapidamente incitar a paixão. Algumas pessoas gostam que o parceiro lhes dê uns tapas delicados, ou até um pouco mais fortes. A violência gentil desse ato pode causar uma sensação particularmente excitante.

Exercício: Algumas partes do corpo são mais apropriadas que outras para receber tapas ou palmadas – as nádegas em particular, pois é como se contassem com a proteção natural de uma pequena camada de travesseiros. Se usar este tipo de toque, você precisa observar atentamente o limite da outra pessoa entre prazer e dor e respeitar o nível de tolerância dela.

Você pode combinar as diferentes formas de toque ou variá-las, aplicando mais força ou mais delicadeza. Pode começar pela parte frontal do corpo, estimulando áreas que não são frequentemente exploradas. Alterne estilos diferentes de toque e adapte suas carícias ao que seu parceiro ou parceira gosta e pede. A pessoa que recebe os toques deve se sentir à vontade para impor limites de acordo com a própria percepção de prazer e dor, e confiar que a outra vai respeitar tais limites.

Os dois parceiros precisam entender seu papel a cada momento, mesmo aquele que recebe o toque. Por exemplo, quando um homem desliza a mão suavemente pelas costas da amante até as nádegas e ali a belisca com suavidade, continuando depois pelas coxas, usando o toque mais leve possível, ele deve saber que está conscientemente tentando despertar a paixão e liberar a energia sexual da mulher. Mas, por mais especiais que sejam suas técnicas, não terão o menor significado se a mulher não estiver conscientemente recebendo a atenção dele. Se o pensamento dela estiver a quilômetros de distância, as delicadas carícias do homem não terão resultado algum. No fim das contas, é a mente que toca e é tocada. Quando damos prazer ao parceiro ou parceira pelo toque, também recebemos os efeitos prazerosos desse gesto.

Os segredos da massagem profissional

Para fazer uma massagem profissional, você precisa manter um ritmo firme e lento, aplicando pressão suficiente em toda a área e mexendo as mãos de maneira uniforme sobre o corpo da pessoa.

Lembre-se de sempre usar um óleo ou loção especial para as seguintes massagens:

- ♥ **"Amassar a massa"**: Esta é a técnica perfeita para as áreas mais musculosas do corpo, como os quadris e as coxas. Consiste em levantar, apertar delicadamente e rolar a carne entre o polegar e os outros dedos, alternando as duas mãos. Você pode variar o efeito, mudando a velocidade e a intensidade dos movimentos, indo mais devagar numa massagem mais profunda, ou mais rápido com uma massagem mais leve.

♥ **Massagem circular:** É feita com o punho fechado, com pequenos movimentos circulares. Este tipo de massagem dá uma sensação deliciosa nos ombros, peito, palma da mão e sola do pé.

♥ **Massagem de sucção:** Movimentos rápidos e leves estimulam e rejuvenescem a pele. Encoste de leve na pele, alternando as mãos, com o polegar virado para dentro e os outros dedos fechados em concha. Quando as mãos tocarem o corpo, devem fazer um som parecido com o de uma rolha saindo da garrafa. Quem recebe esta massagem sente alívio do estresse e da tensão acumulada no corpo, além de crescente sensação erótica, dependendo da parte do corpo sendo estimulada.

♥ **Golpes leves:** Movimentos vigorosos, de batida, devem ser reservados para as partes carnudas e mais musculosas do corpo. Com o punho fechado, bata rápido e de leve com as costas da mão contra a pele, alternando as mãos. É divertido usar este tipo de movimento quase no fim da massagem, pois deixa o parceiro mais excitado.

RECEITA PARA UMA MASSAGEM EXTRAORDINÁRIA

Neste antigo método de massagem, a pressão é aplicada seguindo os meridianos de energia dos órgãos do corpo. O principal propósito desta massagem é liberar a energia que foi bloqueada por causa de problemas emocionais ou físicos, o que acabou provocando insatisfação sexual ou falta de intimidade. As manifestações mais frequentes desse tipo de bloqueio energético são impotência ou ejaculação precoce no homem e falta de interesse sexual ou ausência de orgasmo na mulher.

Este sistema se baseia em manipular os caminhos energéticos do corpo através do toque. Esta massagem tem por objetivo despertar sentimentos de prazer, por meio do foco mental e de um envolvente diálogo "pele a pele". A massagem tem um efeito revitalizante e energizante na pessoa que a recebe, e provoca uma sensação de relaxamento espontânea e gradual, que transcende o corpo e exerce um poderoso efeito de equilíbrio emocional.

Esta massagem ajuda o corpo a processar o oxigênio e eliminar melhor as toxinas. Também melhora a concentração mental e combate a fadiga. Com a prática repetida desta massagem extraordinária, podemos descobrir quais zonas erógenas de nosso parceiro ou parceira necessitam de mais atenção, antes de evoluirmos para uma relação sexual completa.

É importante ter em mente que toda massagem deve ser realizada de maneira sensual. Nossos movimentos não podem parecer uma violação ou intromissão. Quando a pessoa amada está estressada, mas se recusa a reconhecer isso, é essencial realizar a massagem com muita sutileza. À medida que aumentar a intimidade entre vocês, seu parceiro ou parceira se tornará cada vez mais receptivo a maior pressão e estímulo.

O amante perfeito, a massagem perfeita

Percorrer com carinho cada parte do corpo de seu parceiro ou parceira é uma das mais magníficas experiências que vocês podem compartilhar, e vale a pena preparar o ambiente. Vocês devem alternar entre fazer e receber a massagem. Quando você estiver dando prazer, precisa se dedicar completamente à tarefa; quando estiver recebendo, precisa estar plenamente consciente de cada sensação que percorre seu corpo. Lembre-se:

- ♥ Escolha um horário no qual vocês não serão interrompidos e um local confortável. Se estiverem na cama, verifique se ela não é macia demais, ou use o chão com uma camada de travesseiros.

♥ Você pode usar iluminação fraca e sensual e colocar uma música romântica.

♥ Se estiver fazendo a massagem, verifique, antes de começar, se suas mãos estão aquecidas e macias – unte-as com loção ou um óleo de massagem especial. Há muitos tipos diferentes de óleos aromatizados que amaciam a pele e incrementam a experiência com sua fragrância agradável. Aplique uma quantidade moderada nas mãos e esfregue no corpo do parceiro ou parceira enquanto faz a massagem.

♥ Dependendo de suas preferências pessoais, vocês podem experimentar uma variedade de sensações táteis na massagem, como fazer cócegas um no outro com penas, tecidos macios ou outras texturas que podem gerar uma sensação agradável na pele.

Treze passos para a massagem perfeita

1. Tentem criar o hábito de fazer massagem um no outro sempre que possível, reservando dez minutos para explorar plenamente o corpo do parceiro ou da parceira antes de fazer amor.
2. Antes de qualquer massagem, tentem relaxar ao máximo. Esqueçam o estresse e as preocupações do dia.
3. Quando vocês estiverem em um estado mental relaxado, passe suavemente as mãos sobre o corpo do seu amor, usando um óleo de massagem ou qualquer outro tônico terapêutico (veja o capítulo "A dieta da inteligência erótica", na página 77).
4. Conecte-se a seu parceiro ou parceira por meio das mãos, do olhar e da voz, usando palavras suaves e doces, que o relaxem. Também é recomendável colocar uma música suave e relaxante. Gravações com som de água corrente são ideais para esta técnica.
5. Você e a pessoa amada devem tentar sincronizar a respiração até estabelecerem um ritmo bem lento, em completa união.
6. Comece a massagem esfregando a sola dos pés da pessoa e, aplicando uma pressão suave, suba pelos lados das pernas até chegar

ao meio, sempre com o intento de subir lentamente por todo o corpo.

ALGUNS SINAIS DE SATISFAÇÃO

Quando está próximo do clímax, o corpo se estende, os olhos fecham e o padrão respiratório muda – geralmente se torna mais rápido. Quando a mulher quer ser penetrada, suas narinas dilatam e a boca abre um pouco. Se for massageada até o orgasmo, a respiração fica mais lenta e os olhos podem se fixar no parceiro, como se o convidassem a penetrá-la. A boca começa a salivar e a vulva pulsa de forma perceptível. Ela fica bastante molhada.

7. Para massagear um homem, use um toque suave enquanto sobe pelas pernas, sobre os quadris, até a área pélvica. Se possível, use óleos essenciais ao massagear a área em volta dos testículos. Esse gesto pode estimular muito seu amante, se for feito com um toque bastante suave e delicado.
8. Ao massagear uma mulher, toque delicadamente o clitóris e os lábios vaginais quando chegar à área pélvica. Lembre-se de ser gentil e direto, lançando-a em meio a ondas de prazer.

AS ZONAS ERÓGENAS DELE

O corpo masculino pode ser muito misterioso. Ele tem áreas maravilhosamente sensíveis, principalmente costas, peito, pernas, lábios e a base da coluna. Descubra essas áreas acariciando cada parte do corpo dele e ficando alerta à reação que cada toque desperta.

A maior de todas as zonas erógenas masculinas é, sem dúvida, o pênis. É importante acariciá-lo, lembrando-se sempre de passar óleo nas mãos e ser muito cautelosa e sensível em seus movimentos. Comece pela base e faça um movimento espiral até a ponta.

9. A ponta e a base dos dedos devem funcionar como radares de energia, sempre vigilantes para detectar o menor sinal de prazer que o parceiro ou parceira lhe der.
10. Continue a massagem em volta da barriga e da virilha.
11. Com as pontas dos dedos, acaricie as laterais do tronco da pessoa num movimento espiral, até chegar ao peito. Essa área do corpo é particularmente sensível, tanto para as mulheres quanto para os homens. Trace círculos cada vez menores em volta dos mamilos, até tocá-los diretamente.
12. Se nesse ponto da massagem o contato ainda não ficou abertamente sexual, você pode massagear as costas da pessoa. Concentre-se na coluna, indo da base até o pescoço.
13. Por fim, é importante estimular as orelhas – principalmente os lóbulos – com um toque leve de dentro para fora, uma vez que elas representam todos os outros órgãos do corpo. Prossiga massageando o couro cabeludo e, como toque final, massageie levemente o rosto, com ternura, subindo até a testa.

As zonas erógenas dela

As mulheres têm uma variedade de zonas erógenas, incluindo rosto, boca, cabelo, pescoço, seios, barriga, quadril, base da coluna, costas, cintura, coxas, pés e calcanhares.

Durante o ato sexual, você pode praticar a massagem interna. Como o nome revela, a massagem interna consiste em acariciar o interior da vagina bem de leve com os dedos antes da penetração. Na hora da penetração, você também pode inserir alguns dedos na vagina, levando a mulher a níveis maravilhosamente altos de excitação.

Nesse momento, também é possível acariciar a vagina: estenda os dedos e relaxe-os, como se a estivesse beijando por dentro. Isso cria uma sensação magnífica. Você pode usar essa técnica também no ânus, proporcionando uma sensação diferente, mas igualmente prazerosa.

A FASCINANTE DIETA DO ABRAÇO

A fascinante dieta do abraço é fantástica porque o ato de abraçar transfere energia e gera estímulo emocional positivo, resultando em felicidade. O contato e o estímulo físico são absolutamente necessários para nosso bem-estar geral. O abraço é, sem dúvida, uma das mais comuns demonstrações de afeto. O abraço mais comum, de verdadeira amizade ou afeição profunda, é com os braços em volta do pescoço ou da cintura e os rostos encostados.

Muitos estudos científicos e psicológicos têm demonstrado que um pequeno abraço pode ajudar bebês prematuros a se fortalecer. O contato físico tem um efeito positivo no desenvolvimento das crianças, tanto emocional quanto intelectual.

A DOSE DIÁRIA RECOMENDADA DE ABRAÇOS

Quatro abraços são necessários todos os dias para o sustento básico.
Oito abraços são necessários para preservar a boa forma.
Doze ajudam você a crescer como um ser de amor.
Quinze ajudam a fortalecer os mecanismos de defesa do corpo.
Vinte garantem a felicidade.
Vinte e cinco superam qualquer emoção negativa.
Trinta fazem você brilhar.
Quarenta lhe trazem sucesso em tudo que fizer.

Para os mais velhos, os abraços ajudam a evitar sentimentos de solidão. Por causa dos altos e baixos emocionais que inevitavelmente experimentamos após certa idade, todos nós, sem exceção, precisamos de nossa dose diária de abraços.

> ## *E*xercício
> ### FIQUE EM FORMA COM A DIETA DO ABRAÇO
> Faça uma lista dos abraços mais importantes que você já recebeu na vida e escreva algumas linhas a respeito de cada um. A lembrança desses abraços especiais vai deixar você muito feliz. Agora, faça uma lista de pessoas que gostaria de abraçar neste momento, com uma descrição de como seria cada abraço.
>
> Se você conseguir dar quarenta abraços em um dia, se sentirá muito bem, mas o mais importante é lembrar que você levou felicidade a cada pessoa que abraçou – os abraços são contagiantes a esse ponto.
>
> Os abraços têm diversos sabores, e cada um expressa uma coisa diferente. Por exemplo, há o abraço fraterno, o amistoso, o abraço de amor, o sexual e muitos outros. Há diversas formas possíveis de dois corpos entrelaçarem os braços e até as pernas, e sempre há espaço para invenção. Apenas se lembre do principal objetivo de cada um de seus abraços diários.

Abraços sensuais

Praticar a arte do abraço é importante em qualquer encontro sexual. O abraço sensual nos permite sentir o corpo do outro e fundir o nosso ao dele. A rotina do dia a dia pode nos fazer perder de vista a importância de sentir que somos parte de um casal, não só em termos de uma companhia sexual, mas também no âmbito pessoal, de amizade. Há diferentes tipos de abraços sensuais:

- ♥ **Abraço leve:** É quando o casal se abraça naturalmente. É o abraço tipicamente usado em um cumprimento, antes de um beijo ou logo depois.
- ♥ **Abraço com força:** Uma pessoa empurra a outra com força contra a parede na hora do abraço.

- ♥ **Abraço e esfrega:** Os amantes esfregam seus corpos um no outro na hora do abraço.
- ♥ **Abraço com penetração:** O homem está sentado ou em pé, com a mulher diante dele. Ela encosta e se senta sobre ele, tocando-lhe o tórax com os seios e deixando-o penetrá-la lentamente.
- ♥ **Abraço de réptil:** A mulher abraça o homem na cama do modo como um réptil sobe numa árvore, com o desejo de beijar seu membro.
- ♥ **Abraço total:** Os dois amantes se deitam na cama e se abraçam tão forte que os braços e as pernas se enrolam completamente um no outro.
- ♥ **Abraço de urso:** O homem se senta na beira da cama e a mulher desce até seu pênis, sentando-se no colo dele até completar a penetração – rapidamente se for depois de uma sessão de preliminares ou mais devagar se estiverem começando. Em seguida, o homem abraça a mulher, colocando as pernas em torno da cintura dela e puxando-a para perto, de modo que a união sexual e o clímax sejam tão íntimos e intensos quanto possível. É um dos abraços mais eróticos de todos.

EFEITOS E BENEFÍCIOS DA DIETA DO ABRAÇO

Pode ser usada para oferecer um cumprimento entusiástico.

Ajuda a superar o medo e a preocupação.

Desperta os sentidos.

Fortalece a autoestima.

Ajuda nas tentativas de reconciliação.

Dissipa a tensão e o nervosismo.

Valoriza o outro, ajudando-o a se abrir para o amor.

Preenche os espaços vazios em nossa vida.

Livra-nos da monotonia ou do estresse.

Acaba com a depressão.

Aumenta o desejo de viver.

> Cura a timidez.
> Age como estimulante sexual.
> Aumenta a atração sexual.
> Ajuda-nos a nos sentir amados e reconhecidos.

Pratique sempre a dieta do abraço – logo você vai se sentir tão feliz que vai querer segurar este livro perto do coração pelo resto da vida!

A DIETA DO BEIJO

> Um beijo dado com amor pode iluminar o interior do ser humano, gerando ternura e fazendo-o brilhar com todas as cores do arco-íris.

O que se pode dizer do beijo que milhares de poetas, artistas e cantores já não tenham expressado? A palavra "beijo" vem do latim *basium*, que significa tocar com os lábios, contraindo-os e dilatando-os suavemente, para demonstrar amor, amizade ou reverência. A palavra inglesa *kiss* vem do alemão *kuss*, que, acredita-se, foi inspirada pelo som do beijo.

O beijo é a manifestação universal de afeto – e expressão de erotismo em todas as culturas. Além da paixão e das emoções que o acompanham, todos os sentidos se combinam no beijo. Se cada sentido, sozinho, é capaz de despertar forte reação emocional, todos os sentidos em ação ao mesmo tempo podem nos levar aos céus.

A dieta do beijo pode fazer uma enorme diferença num relacionamento romântico. Siga todas as instruções desta seção e recomende-as aos amigos. Assim você vai contribuir para um mundo mais feliz e mais amoroso, cheio de beijos!

O primeiro beijo

O beijo geralmente é o primeiro contato abertamente sexual que temos com um novo parceiro. E esse primeiro contato pode ser crucial.

Dependendo de como ele for, podemos usá-lo para decidir se haverá um próximo encontro. Talvez as mulheres deem mais importância ao primeiro beijo que os homens – mas talvez não. Como foi seu primeiro beijo?

Lembro-me de meu primeiro beijo como se fosse ontem, embora tenha acontecido muitos anos atrás, quando eu tinha quase 13 anos. Foi na festa de aniversário de uma amiga, e o menino que beijei era primo dela. Ele tinha uns 15 anos e eu o achava lindo. Seu nome era Hector, e acho que gostava mesmo dele, pois lembro que eu ficava observando-o enquanto ele andava de bicicleta pela vizinhança. Na festa, ele me convidou para dançar alguns *rocks* e, quando começou a música lenta, me puxou para perto dele.

Depois da primeira música lenta, fomos para outra sala da casa, que estava mais tranquila e onde podíamos ficar sozinhos. Ele me segurou com força e delicadamente me beijou. Senti como se fosse voar – meu corpo parecia estar flutuando! Enquanto Hector me beijava, comecei a literalmente ver estrelinhas, e meu corpo parecia estar levitando. Meu nível de consciência tinha se alterado e expandido, e eu havia entrado num mundo novo, mágico, de sonhos. Desde então, tenho experimentado esse estado de percepção quando medito ou por meio de visualizações guiadas por instrutores brilhantes que tive a sorte de conhecer. Foi quase uma experiência divina.

Naquele dia, com aquele beijo, descobri o sentimento mais lindo do mundo: o amor. Embora seja hoje feliz no casamento e totalmente apaixonada por meu marido, jamais me esquecerei daquele primeiro beijo, incrivelmente lindo e puro.

Técnicas de beijo

O primeiro beijo nem sempre é mágico – para muitas pessoas pode ser estressante, principalmente para aquelas que são tímidas e têm medo de ser rejeitadas.

Beijar é, por definição, a expressão de um sentimento. Desde a primeira vez, beijamos de forma totalmente intuitiva, pois isso não se aprende na escola. Mas, mesmo seguindo nossa intuição e respeitando nossos sentimentos, existem algumas técnicas que podemos ter em mente para aprimorar a experiência.

Qualquer pessoa reconhece a diferença entre dois lábios fazendo contato superficial e sem significado e duas bocas envoltas num beijo profundo e apaixonado. Algumas mulheres, principalmente as que praticam tantra, conseguem se excitar o suficiente a ponto de atingir o orgasmo só com o beijo – se for o beijo correto.

Uma vez que a boca, os lábios e a língua têm movimentos completamente voluntários – enquanto os órgãos genitais de ambos os sexos se mexem involuntariamente –, há várias técnicas que podemos praticar para liberar energias sexuais e espirituais por meio do controle dos músculos que usamos para beijar.

A dieta diária do beijo

Aqui vai uma lista de beijos que você pode praticar todos os dias do mês:

- ♥ **Beijo de reconciliação:** É quando o homem pressiona os lábios contra os da parceira até a raiva dela passar.
- ♥ **Beijo misterioso:** A mulher beija o homem num surto de paixão. Ela fecha os olhos e cobre os olhos do parceiro. Em seguida, desliza a língua suavemente dentro da boca dele e a mexe de um lado para o outro.
- ♥ **Beijo do lábio superior:** Tomada de desejo, a mulher morde delicadamente o lábio inferior do homem, enquanto ela puxa o lábio superior dela suavemente entre os dentes, e os dois se mordiscam mutuamente.
- ♥ **Beijinho açucarado:** A mulher segura os lábios do parceiro entre os dedos, passa a língua sobre eles e os morde de leve.
- ♥ **Beijo da caça ao tesouro:** O homem beija o interior da boca da mulher, explorando-a com a língua, e em seguida ela faz o mesmo com ele.

- **Beijo de brincadeira:** O homem provoca a parceira pressionando rapidamente os lábios contra os dela, depois se afasta e, de repente, repete o gesto. Depois dessa brincadeira, ele dá à amante um beijo pleno e cheio de paixão.
- **Beijo para acordar:** Quando um dos dois volta para casa e encontra o parceiro ou a parceira dormindo, a pessoa que volta beija a outra delicadamente a princípio, e depois aumenta a pressão até acordá-la.
- **Beijo sutil:** Os dois simplesmente juntam os lábios suavemente.
- **Beijo-aspirador:** A mulher prende o lábio inferior do homem entre os lábios e o puxa de leve, enquanto ele suga o lábio superior dela.
- **Beijo penetrante:** A mulher toca os lábios do homem com a língua e fecha os olhos. Em seguida, põe a mão sobre a têmpora do amante e mergulha a língua na boca dele, e vice-versa.
- **Beijo negro:** O beijo delicioso no qual a mulher beija a área em volta do ânus do homem, e vice-versa.
- **Beijo desesperado:** A mulher ou o homem, tomado de desejo, beija cada centímetro do corpo do outro.
- **Beijo de pressão:** Um dos dois pressiona a boca contra o lábio inferior do outro, e este então reage.
- **Beijo mágico:** A mulher ou o homem acaricia os lábios do parceiro ou parceira com o indicador, beijando e penetrando a boca com a língua ao mesmo tempo, ainda usando o dedo para acariciar em volta dos lábios, como uma varinha mágica.
- **Beijo de lagarto:** Os dois mergulham a língua na boca do outro ao mesmo tempo, acariciando desde os dentes até o céu da boca.
- **Viciados em beijo:** O casal se beija e continua andando ou fazendo qualquer outra coisa com os lábios colados.
- **Beijo de elefante:** Ambos estendem os lábios para frente ao máximo e se beijam nessa posição.
- **Beijo distraído:** Enquanto uma das pessoas está distraída, a outra encosta o rosto no dela. O parceiro distraído pensa que o contato

vai parar por aí, mas em seguida a pessoa que se aproximou o surpreende com um intenso e apaixonado beijo, vendo a face do amante se incendiar de desejo.

- ♥ **Beijo para sempre:** Os amantes se abraçam apertado, se acariciando ternamente por bastante tempo. Em seguida, entregando-se à paixão, passam para um beijo longo e contínuo, de pelo menos dez ou quinze minutos.
- ♥ **Beijo de passarinho:** Um beijo rápido, curto, como um passarinho que bica rapidamente algo e voa logo em seguida.
- ♥ **Beijo-mordida de amor:** Pequenas mordidas de amor podem ser muito estimulantes se usadas com moderação. Quando a mulher beija o homem, ele morde de brincadeira os lábios dela, ou vice-versa.
- ♥ **Beijo sadomasoquista:** Um dos dois lambe com força os lábios ou outra parte do corpo do parceiro ou parceira; em seguida, os dois invertem os papéis.
- ♥ **Beijo-fetiche:** Um dos dois beija todo o corpo do outro, mas só as partes cobertas – sapatos, meias, camisa, calça, cabelo –, nunca a pele. A pessoa que está sendo beijada, então, deve implorar por um beijo diretamente nos lábios.
- ♥ **Beijo nu:** Um dos parceiros promete tirar uma peça de roupa cada vez que o outro lhe der um beijo, até ficar nu. A outra pessoa pode fazer a mesma coisa, para equilibrar a situação.
- ♥ **Beijo de ereção:** Este é um beijo muito lento, deliberado, sensual, incrivelmente apaixonado que a mulher dá no homem, começando pela orelha, descendo pelo pescoço e chegando até a boca. Você pode imaginar o resultado?
- ♥ **Beijo em câmera lenta:** Um dos amantes beija o corpo do outro, bem devagar e deliberadamente.
- ♥ **Beijo suculento:** O casal passa sua bebida favorita da boca de um para a do outro enquanto se beijam.
- ♥ **Beijo *Kama sutra*:** Escolham uma posição diferente do *Kama sutra* a cada dia e beijem-se pelo corpo todo nessa posição.

- **Beijo de cozinheiro:** O casal finge estar cozinhando um prato especial e coloca ingredientes deliciosos sobre o corpo um do outro, para ser saboreados devagar, sugados e lambidos.
- **Beijo de despedida:** O casal finge que um dos dois está prestes a fazer uma longa viagem, e os dois se beijam como se fosse a última vez.
- **Beijo musical:** O casal faz um jogo de ver quem consegue fazer o barulho mais louco e mais alto durante o beijo.

Dicas úteis para o beijo

HÁLITO FRESCO

Verifique se seu hálito está fresco, principalmente se você fuma, pois o beijo deve produzir uma sensação refrescante, limpa, que traga felicidade e excitação. Com um frequente mau hálito, seu parceiro ou parceira pode perder o interesse em beijar. Para ter certeza de que seu hálito está sempre fresco e irresistível, você pode tomar chá de hortelã, que atua contra as bactérias que causam mau hálito. Faça uma infusão com uma colher (chá) de hortelã seca para um copo de água e beba três ou quatro copos por dia. Você também pode fazer uma infusão com uma destas ervas:

- Eucalipto: Esta planta é rica em elementos antibacterianos e pode ser usada como enxaguante bucal. Faça uma infusão com duas ou três folhas de eucalipto para um copo de água.
- Alecrim: Tem as mesmas propriedades do eucalipto e pode ser usado da mesma forma. Faça uma infusão com as flores secas.

SALIVA

É muito importante engolir logo antes de beijar. Beijos molhados podem ser bons, mas, quando ocorre um fluxo muito abundante de saliva, a troca de fluidos pode ser desagradável para a outra pessoa.

MÚSCULOS DA FACE

Os músculos da face precisam ser exercitados para ser expressivos e ajudar a manter uma boca sexy. Para manter esses músculos em forma, você deve praticar uma série diária de automassagens no rosto, para melhorar a elasticidade. Estas técnicas devem ser usadas por mulheres que ainda têm a pele relativamente firme. Para exercitar os músculos faciais, sorria de uma orelha a outra, franza a testa e balance o nariz. Também é bom bocejar, mexer e esticar a boca de um lado para o outro e alongar as bochechas como se estivesse soprando uma vela, ao mesmo tempo em que exercita os lábios.

LÁBIOS

Lembre-se de que os lábios são a parte mais sensual do rosto e, melhor ainda, são eles que dão e recebem beijos. Para manter os lábios em linda forma, o mais importante é mantê-los hidratados. Vaselina, manteiga de cacau, condicionadores ou hidratantes labiais e produtos à base de calêndula podem fazer maravilhas.

SEGREDOS DE BELEZA PARA BEIJOS IRRESISTÍVEIS

PARA ELA

Os homens adoram lábios incrivelmente sensuais, assim você pode aplicar a maquiagem com isso em mente. Paradoxalmente, a maioria deles detesta beijar uma mulher com muito batom, embora não admitam isso. Portanto, se quiser, você pode tirar um pouco do batom antes de beijá-lo.

O mais importante na hora de dar beijos inesquecíveis é compreender que o que mais deixa um homem louco é penetrar a boca dele com a língua, brincando com ela. Muitas mulheres têm vergonha de fazer isso, porque tal ato tem fortes conotações sexuais. Tocar e brincar com a língua é algo incrivelmente sensual, ousado e muito erótico, e poucas mulheres se aventuram a experimentar no primeiro beijo. É exatamente por isso que esse gesto surpreende os homens – e eles adoram. Familiarize-se com as diferentes técnicas de beijo descritas neste livro e pratique-as. Aprenda a dar o beijo penetrante, o sadomasoquista e o beijo de brincadeira. Divirta-se e beije mais, todos os dias.

PARA ELE

A literatura sexual afirma que o lábio superior é uma das zonas erógenas femininas mais sensíveis. Sugere-se até mesmo que há um caminho no sistema nervoso que liga diretamente o lábio superior ao clitóris.

O *Kama sutra* diz que, se o homem estimula o lábio superior da parceira, mordiscando-o e sugando-o levemente, enquanto ela faz o mesmo com o lábio inferior dele, os dois entram numa maravilhosa onda de prazer.

A técnica de massagem japonesa conhecida como *shiatsu* também sugere que massagear o lábio superior da mulher, com a ponta do dedo ou com a língua, pode liberar a energia sexual e estimular o desejo.

Quando você beijar uma mulher, certifique-se de que sua boca tenha um gosto doce. Coma chocolate, caramelo, bala de hortelã ou morango – qualquer coisa que ela aprecie – antes de beijá-la. Um beijo doce e terno é um dos mais eficazes estimulantes sexuais para muitas mulheres. Faça com que ela nunca se esqueça do seu gosto, e ela virá correndo pedir mais!

Visualize um mundo cheio de beijos

Quando estiver se sentindo para baixo ou passando por um período difícil com o parceiro ou parceira, quando sua autoestima estiver lá no pé e você não se sentir amado ou desejado, lembre-se de que tudo é um reflexo de seu amor por si mesmo. A magia da visualização pode realizar milagres.

Faça o seguinte exercício:

1. Tente relaxar, num lugar tranquilo e silencioso. Se quiser, acenda um incenso ou velas aromatizadas.
2. Coloque uma música suave e vista-se da maneira mais confortável possível. Deite-se num local onde possa relaxar.
3. Visualize cada célula de seu corpo e imagine que elas são magicamente transformadas em minúsculos beijos, de todos os tipos e cores. Por exemplo: vermelho, agressivo, doce, terno, amoroso, tímido, apaixonado, sensual, atraente etc.
4. Imagine que você está se abraçando e fazendo carinho em si mesmo – ou, se preferir, envolva-se de verdade com os próprios braços. Quando sentir que realmente se ama, imagine que a pessoa que você deseja está na sua frente.
5. Mentalmente, beije e abrace essa pessoa.

Quando menos esperar, você vai perceber que a energia de seu amor pode operar milagres em seus relacionamentos. Só aguarde – os abraços e beijos cuidarão de você. A magia natural do amor nunca falha.

Beijos para todas as zonas erógenas

Um beijo erótico não precisa ser dado na área genital. Beijos eróticos expressam a intenção do amante de despertar desejo sexual no outro. Um beijo ardente no pescoço, por exemplo, pode ser erótico.

Os beijos eróticos são uma revelação maravilhosa e, diante de seu baixo risco e alto prazer, os casais podem se envolver neles quanto quiserem, o máximo possível. Dar aquele beijo apaixonado e erótico, que deixa a outra pessoa louca, exige que você saiba usar os lábios, a língua e a boca em seu potencial máximo. A boca é análoga, nas artes eróticas, à haste de jade do *Kama sutra*, um pênis simbólico, e à porta de jade, uma vulva simbólica. O tecido da boca, uma mistura de pele e mucosa, também é incrivelmente sensível. A sensibilidade pode ser ampliada ainda mais com o movimento constante da língua, desde que não seja rápido demais e não dê ao parceiro ou parceira a sensação de afogamento. Os lugares perfeitos para beijos eróticos são:

♥ **Olhos:** Os olhos são uma das áreas mais negligenciadas do corpo no momento do sexo, mas beijos nas pálpebras podem proporcionar grande prazer. Os nervos sob as sobrancelhas podem ser estimulados com beijos suaves nos olhos fechados, induzindo um estado de relaxamento capaz de tornar o ato sexual ainda mais prazeroso. Cuidado para não usar muita saliva – apenas beije os olhos do parceiro ou parceira com os lábios levemente úmidos.

♥ **Orelhas:** Como aquecimento para o contato sexual mais explícito, as orelhas são deliciosamente sensíveis à estimulação oral. Essa parte do corpo é particularmente sensível e sensual nos homens, e o estímulo nas orelhas pode rapidamente produzir uma ereção. O estímulo suave nos lóbulos, na parte interna e na área atrás da orelha aumenta a sensibilidade do homem à estimulação sexual direta.

♥ **Boca e língua:** Os lábios ficam mais sensíveis à medida que os níveis de excitação sexual aumentam, tornando-se mais receptivos a carícias e beijos. A língua permite contato erótico direto com todas as partes do corpo de seu parceiro ou parceira.

♥ **Pescoço e ombros:** Esta área, altamente sensível, pode ser estimulada com as mãos ou com a boca, causando ondas de prazer. O pescoço tem um poder especial de atração, tanto para os homens quanto para as mulheres – ele é a união simbólica entre o corpo e a mente. Todos nós gostamos de receber massagens e beijos nesta parte misteriosa do corpo. O pescoço, principalmente a nuca, é muito sensível, assim como os lados do tronco. Quando uma mulher aceita beijos prolongados no pescoço, significa que ela está pronta para ser beijada em qualquer parte do corpo. Braços, axilas, mãos, costas, quadril e a parte inferior do abdome podem ser estimulados erótica e sensualmente por um amante sensível. Todos temos um pouco de vampiro em nós, e podemos desfrutar o ato de sugar aquele ponto sensível da pessoa amada.

- ♥ **Parte interna do antebraço e cotovelos:** Estas áreas também costumam ser ignoradas. Um carinho leve nelas com as mãos pode ser altamente prazeroso, desde que você tome cuidado para não provocar cócegas. O antebraço é conhecido por seu simbolismo romântico. Quando um homem beija esta parte do corpo da mulher pela primeira vez, está demonstrando certo ar cavalheiresco, aristocrático.
- ♥ **Peito:** Beije, sugue e lamba os mamilos com bastante delicadeza. Esta zona é fonte de grande prazer erótico tanto para os homens quanto para as mulheres. Estudos indicam que beijar ou estimular manualmente os mamilos de um homem por alguns minutos sempre produz uma ereção. Por que se privar dessa sensação eficiente e prazerosa? Só leva alguns minutos. Para as mulheres, esta é, sem dúvida, uma das zonas mais erógenas do corpo – se você estimular os mamilos usando um creme ou loção especial, ou fizer círculos com a língua, algumas mulheres podem chegar ao orgasmo só com isso. O restante da área em torno dos seios necessita de um toque muito delicado e suave.
- ♥ **Barriga:** Esta é uma área altamente vulnerável. Não é protegida por ossos, como o tórax ou a pelve, por isso é muito delicada e sensível. Deixar que a pessoa amada toque livremente sua barriga significa que você confia nela. Muitas pessoas não gostam de ser tocadas ou beijadas nesta parte do corpo. Pense nos animais: quando eles deixam você fazer carinho na barriga deles, deitam de costas e assumem uma posição de fraqueza e total vulnerabilidade. Aprender a ter prazer pelo estímulo da barriga é descobrir e aceitar a própria vulnerabilidade. Tente beijar e acariciar seu parceiro ou parceira nesta parte do corpo com bastante delicadeza. Isso pode ser bastante prazeroso, principalmente se você descer lentamente até a área genital.

- ♥ **Umbigo:** O umbigo e a área ao redor são altamente sensíveis. A maioria dos homens e mulheres gosta de ter esta parte do corpo beijada e acariciada com as pontas dos dedos, os lábios, o pênis ou os seios.
- ♥ **Cintura e quadril:** Acariciar e beijar de leve toda esta área cria uma sensação sutil e agradável, que pode ser intensificada com uma estimulação mais forte.
- ♥ **Costas:** Ao longo da coluna, existem nervos que podem receber um bom estímulo com as mãos ou a boca, sempre de baixo para cima, em direção à cabeça. As partes mais sensíveis das costas são as terminações nervosas na coluna, e a área mais fácil de estimular, com os resultados mais rápidos, é a base da coluna. Um estímulo delicado nessa área pode trazer resultados excitantes. Por exemplo, você pode beijar a base da coluna próximo da pelve, acariciando e beijando em diferentes ritmos e intensidades. Pode beijar toda a área das costas do parceiro ou parceira, dando rápidas batidinhas na pele com a ponta da língua.
- ♥ **Períneo:** A área entre os órgãos genitais e o ânus pode ser muito sensível à estimulação manual e oral. Beije-a, acaricie-a. Isso deixará seu amor louco.
- ♥ **Ânus:** Esta é uma parte muito sensível do corpo – qualquer estímulo pode desencadear uma explosão orgástica.
- ♥ **Dedos:** Contamos sempre com a sensibilidade dos dedos para sentir texturas e formas. Essa sensibilidade faz deles uma ferramenta ideal para o estímulo sexual. Beijar os dedos do parceiro ou parceira com muita sensualidade e depois colocá-los na boca pode ser extremamente excitante, tanto para o homem quanto para a mulher.

Você também pode experimentar morder delicadamente as partes do corpo que acabei de mencionar e observar a resposta da pessoa amada. Muitas pessoas gostam dessa sensação, mesmo durante a relação sexual.

Um beijo, um abraço ou uma carícia podem durar um mero segundo, mas são capazes de preencher grandes vazios, superar as diferenças e até mudar nossa vida. Ao pôr em prática as dietas deste capítulo, você vai perceber não só que está mais sensível, mas também que está tão feliz que o sol parece sorrir a cada manhã. Cada célula de seu corpo vai se sentir tão amada que sua alma cantará uma nova canção, despertando o coração de todas as pessoas que você encontrar.

4
A DIETA DA INTELIGÊNCIA ERÓTICA: ESTIMULANDO AO MÁXIMO TODOS OS SENTIDOS

Minhas mãos percorrem seu corpo com carícias ardentes, criando uma sinfonia de prazer, enquanto descubro suas fantasias, como um tesouro secreto. Quero esculpir, compor você como um poema, e aperfeiçoar, ao seu lado, a arte de fazer amor.

DESPERTE SEUS SENTIDOS

A inteligência é a habilidade do ser humano de se adaptar com eficiência à sociedade, no sentido mais amplo da palavra, em particular a seu trabalho e seu convívio social imediato. O fator mais importante no desenvolvimento da inteligência erótica é a estimulação completa dos cinco sentidos (tato, paladar, visão, olfato e audição). Quando todos os sentidos estão em harmonia, podemos sair para o mundo e saber como reagir, pensar, sentir e experimentar a felicidade em todas as suas formas.

O estímulo constante dos cinco sentidos é o mecanismo primário que ajuda a alimentar a imaginação e a criatividade. É o que nos conecta e ajuda a fortalecer nossa compreensão de mundo e nossos relacionamentos com os outros.

O que é, então, a inteligência erótica? O ato de fazer amor é a manifestação suprema da inteligência erótica, porque, num relacionamento sexual e amoroso, nosso corpo se torna receptivo a todos os sentidos. Quando você fica sexualmente excitado, seu corpo inteiro vibra, seus sentidos se tornam alertas, suas emoções fluem com facilidade e seu processo de pensamento se acelera, porque sua mente decola em voos de fantasia.

À medida que os sentidos despertam, a energia do corpo é desbloqueada e revitalizada, a energia emocional flui livremente, e o consciente testemunha o desfrute completo e total do sexo e do amor.

A DIETA DO TOQUE

O toque é um modo não-verbal de se comunicar com alguém, como qualquer outra forma de comunicação. Determinadas situações conduzem ao toque, enquanto outras o inibem. Embora já tenhamos falado do toque em "Uma receita estimulante e rejuvenescedora de carícias" (página 51), eis alguns exemplos de situações em que ele pode facilitar a comunicação:

- ♥ Ao dar informações ou conselhos a uma pessoa, você pode tocá-la, enfatizando a mensagem que quer transmitir.
- ♥ Ao solicitar algo a alguém, você sente uma propensão maior a tocar a pessoa do que quando recebe uma ordem.
- ♥ Quando você tenta convencer alguém de alguma coisa.
- ♥ Quando a conversa é séria e envolve seus sentimentos ou os da pessoa com quem está conversando.

- ♥ Quando você precisa dar uma má notícia.
- ♥ Ao cumprimentar ou se despedir de uma pessoa querida.
- ♥ Quando você quer desesperadamente ser notado por uma pessoa.

Se você pretende aprofundar a ligação com seu parceiro ou parceira e estabelecer um relacionamento erótico inteligente por meio do tato, pratique o seguinte exercício antes de fazer amor.

---

*T*OQUE NU: UM EXERCÍCIO A DOIS

Este exercício pode ser muito excitante e altamente erótico para casais que procuram novos meios de reacender a paixão, ou para aqueles que ainda estão se conhecendo.

Completamente nus, amarre um lenço sobre os olhos da outra pessoa e também sobre os seus. Concentrem-se agora em tocar e ser tocado. Explorem o corpo um do outro com os olhos vendados. Entreguem-se e permitam-se explorar até as partes mais improváveis do corpo do outro com os dedos, bem como com os lábios, para penetrar totalmente o mundo dos sentidos e alcançar um estado de completo êxtase. Lembrem-se de que é muito importante perguntar do que o outro gosta e como prefere ser tocado. A comunicação é um dos ingredientes mais importantes de qualquer dieta do amor. Digam com sinceridade o que estão sentindo e esqueçam a moralidade convencional.

Neste exercício, no qual a visão é obstruída, a pessoa pode escutar melhor os sussurros provocantes da outra. Quando os corpos começarem a tremer de paixão e o desejo não puder mais ser contido, façam amor como se fosse um rito sagrado.

UMA DIETA PARA CADA GOSTO

Eu gostaria de provar você.
Descobrir todos os seus sabores.

> Eu lhe darei muito prazer, se você deixar.
> Cada célula do seu corpo vai sorrir.

O mapa do sabor

Nós temos mais de dez mil papilas gustativas, que nos permitem provar os diversos sabores da vida. A língua consegue detectar uma grande variedade de sabores. Coma um pedacinho de alguma coisa e beije a pessoa amada, para ver se ela detecta o mesmo sabor em sua língua.

Se quiser passar algum tempo fazendo este exercício, tente usar apenas dois sabores diferentes ao mesmo tempo, para não saturar as papilas. Por exemplo, experimente algo doce, como uma colher de chantili ou sorvete de creme, e compartilhe com seu parceiro ou parceira. Depois, aguarde uns dez minutos e prove um sabor azedo, como limão ou maçã verde. Compare as sensações e veja como são diferentes.

Os beijos são outra forma excelente de experimentar sabores e sensações na boca. Na seção "A dieta do beijo" (página 64), você encontra uma extensa lista de beijos que podem ser experimentados com o parceiro ou parceira. Divirta-se!

Sexo oral

O sexo oral é outra maneira divertida e sexy de experimentar ao máximo os sabores da pessoa amada. Não só você pode descobrir o gosto dela, mas também perceber como ela reage à estimulação especial feita por sua boca.

O sexo oral é uma forma muito sofisticada de explorar, provocar e medir o ritmo sexual do parceiro ou parceira. Quando você pegar a prática, poderá ver o desenvolvimento da resposta sexual da outra pessoa até chegar ao orgasmo. Com esta técnica, você pode regular e controlar a energia sexual, bem como provocar sensações de êxtase na pessoa amada.

ALGUMAS DICAS PARA O SEXO ORAL

Tome muito cuidado com os dentes. O contato extremamente leve dos dentes pode ser bom. Prefira, contudo, evitar seu uso durante o sexo oral, pois pode provocar sensações nada agradáveis no parceiro ou parceira.

Ao notar o prazer da pessoa aumentando, aumente também a velocidade e o vigor de suas atenções.

Preste sempre atenção nos gestos e na linguagem corporal da pessoa. Eles lhe dirão o que a excita mais e o que você precisa fazer para continuar dando prazer a ela.

FELAÇÃO

A felação é uma técnica de sexo oral que consiste em estimular o órgão genital masculino com a boca ou a língua até o homem entrar em estado de total excitação (ereção) ou ejacular. Eis algumas dicas para aumentar o prazer do casal:

1. Forme um O com os lábios, coloque-os delicadamente sobre a extremidade do pênis e mexa a cabeça em pequenos círculos.
2. Passe os lábios fechados sobre todo o membro, primeiro de um lado, depois do outro.
3. Segure a ponta do pênis com delicadeza entre os lábios, chupando-o suavemente, envolvendo a pele macia.
4. Coloque o membro inteiro na boca, aplicando pressão em todo a extensão dele com os lábios. Mantenha a pressão por um momento antes de soltar.
5. Faça novamente um círculo com os lábios e beije toda a extensão do pênis, chupando e lambendo ao mesmo tempo.
6. Enquanto cobre o pênis de beijos, agite levemente a língua ao longo dele, chegando até a ponta. Lamba várias vezes a ponta, pois a glande é a parte mais sensível.

7. Coloque o pênis na boca, o mais fundo que você conseguir (cuidado para não sufocar!), e chupe-o devagar, aplicando pressão com os lábios.
8. Tome muito cuidado na hora de acariciar os testículos – essa é uma área extremamente sensível, mas, se for tocada com delicadeza e sensibilidade, provoca níveis altíssimos de prazer.
9. Nunca assopre dentro do pênis. Isso pode causar problemas disfuncionais.
10. O grande final – a decisão é sua. Você pode levar o homem ao clímax e, se fizer isso, cabe a você deixar ou não que ele ejacule em sua boca. Se isso acontecer, você pode engolir ou não, dependendo se o gosto lhe é agradável ou desagradável.

O gosto do sêmen depende, em grande parte, da dieta do homem. Aspargos e bebidas alcoólicas deixam o sêmen extremamente amargo, enquanto leite, mel e sucos de frutas naturais (exceto de frutas cítricas) produzem um gosto doce.

Alguns condimentos podem ser adicionados para produzir uma sessão fantástica de sexo oral, tais como mel, canela, suco de maçã e calda de chocolate.

CUNILÍNGUA

Cunilíngua é o sexo oral feito na mulher, estimulando toda a vulva e o clitóris. As mulheres que gostam de sexo oral geralmente formam um vínculo emocional especial com o parceiro, e muitas vezes podem atingir o orgasmo mais rapidamente assim do que com a penetração.

Se sua parceira gosta de sexo oral e você quer se tornar um especialista nesta arte de amor, preste atenção nela e deixe-a orientá-lo. Peça que ela diga o que quer para se sentir mais confortável. Tente também seguir estas dicas para se tornar um *expert* em sexo oral:

1. Com as pontas dos dedos, brinque com os pelos pubianos e aperte delicadamente os grandes lábios, juntando-os e beijando-os devagar.
2. Com o nariz, separe delicadamente os lábios vaginais e acaricie a vulva com a língua.
3. Devagar, trace pequenos círculos com o nariz, a boca e o queixo, e pressione os lábios contra os lábios vaginais de sua parceira. Beije-a apaixonadamente, como se estivesse beijando-a na boca. Você pode também mordiscar e chupar o clitóris, segurando-o entre os lábios.
4. Quando ela estiver bem molhada, assopre-a delicadamente. Isso causa uma sensação altamente prazerosa em muitas mulheres.
5. Forme um U com a língua e lamba-a devagar, com movimentos longos, começando pelo clitóris e terminando na entrada da vagina.
6. Deixe a língua dura e mexa na abertura vaginal. Tente inserir a língua. Se quiser inserir um dedo na vagina, não faça isso logo no começo. Espere. O prazer proporcionado pela sensação do dedo pode "desviar" do delicioso prazer das atenções de sua língua, mais sensual, porém menos intenso.
7. Algumas mulheres, quando estão perto do orgasmo e também algum tempo depois, ficam tão sensíveis que não suportam mais ser tocadas no clitóris. Se sua parceira for assim, pare por um minuto e espere até que ela dê o sinal para continuar com as carícias e beijos.

UMA FÓRMULA MATEMÁTICA QUE
NUNCA FALHA: A EQUAÇÃO 69

Esta receita de prazer foi experimentada pela primeira vez pelos taoístas, na China. O taoísmo ensina que o sexo oral mútuo forma um circuito energético altamente estimulante para o casal, colocando o organismo de ambos em perfeita harmonia e trazendo vitalidade às zonas erógenas.

A posição 69 é uma das mais prazerosas de todas as muitas variações do sexo oral. Consiste em inverter o corpo em relação ao do parceiro ou parceira, de modo que, enquanto o homem chupa o clitóris da mulher, ela beija o pênis do parceiro e acaricia seus testículos. Geralmente, a mulher se deita em cima do homem, posicionando seus órgãos genitais sobre o rosto dele e a boca sobre o pênis. Mas há uma posição alternativa que é muito mais confortável, permitindo que ambos fiquem mais relaxados. Nessa posição, os parceiros se deitam de lado, um de frente para o outro, mas em posição invertida, com a cabeça diante dos genitais do outro.

Essa é uma das melhores posições para estimulação oral, pois permite uma troca mais íntima e perfeitamente equilibrada, e possibilita que os dois atinjam o orgasmo ao mesmo tempo.

Para as mulheres que gostam de sexo oral, há muitos produtos no mercado que o tornam ainda mais interessante, como cremes e óleos. Você pode aplicá-los na área em volta da vagina e surpreender seu parceiro com novos sabores, como amêndoas, baunilha ou maçã, entre muitas outras possibilidades. Esses produtos podem mudar o gosto dos fluidos da mulher e fortalecer o sistema imunológico. Em alguns casos, ajudam até a eliminar bactérias indesejadas.

Receitas afrodisíacas para os amantes

Uma dieta saudável pode ajudar você e a pessoa amada a ter um gosto melhor durante o sexo oral. O gosto pode ser modificado com refeições deliciosas, que também contêm propriedades afrodisíacas para estimular o corpo e a mente. Aqui vão quatro de minhas receitas afrodisíacas favoritas, que você pode preparar com muito carinho a qualquer momento do dia.

ORGASMO LÍQUIDO
PERFEITO PARA O CAFÉ DA MANHÃ OU UM LANCHE LEVE

INGREDIENTES PARA DUAS PORÇÕES

6 morangos (congelados ou frescos)
1 banana
1 xícara (chá) de suco de maçã
1 colher (sopa) de ginseng líquido
1 colher (sopa) de mel
2 morangos para enfeitar

PREPARO

Bata os cinco primeiros ingredientes no liquidificador. Se quiser, acrescente gelo. Sirva a vitamina em copos altos, guarnecidos com os morangos.

ABACATES DE VÊNUS
UMA ENTRADA SABOROSA PARA O ALMOÇO OU O JANTAR

Refrescante, muito saboroso e um poderoso afrodisíaco.

INGREDIENTES PARA QUATRO PORÇÕES

3 abacates
1 pé de alface pequeno
5 talos de aipo
4 colheres (sopa) de amêndoas sem pele
Azeite e suco de limão a gosto
Sal e pimenta a gosto
3 colheres (chá) de creme de leite
3 ovos cozidos ou tomates para enfeitar

PREPARO

Descasque os abacates e pique-os em cubos. Separe as folhas de alface, lave-as e forre com elas uma saladeira. Pique o aipo em pedaços pequenos. Espalhe o abacate, o aipo e as amêndoas sobre as folhas de alface e tempere com azeite, suco de limão, sal e pimenta. Adicione por fim o creme de leite, espalhando por igual. Enfeite com fatias de ovo cozido ou rodelas de tomate.

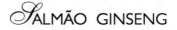

SALMÃO GINSENG
PARA O ALMOÇO OU O JANTAR

Este é o prato perfeito para servir como prelúdio ao ato de amor. Aumenta a potência sexual, energiza e, no verão, proporciona os nutrientes necessários para prolongar o ato indefinidamente.

INGREDIENTES PARA O MOLHO DE SOJA E GERGELIM

2 colheres (sopa) de pasta de soja
1 colher (sopa) de molho de pimenta verde
2 colheres (sopa) de sementes de gergelim
2 colheres (sopa) de alho picado
1 colher (sopa) de molho de soja
1 colher (chá) de açúcar
1 colher (sopa) de vinagre
3 colheres (sopa) de vinho branco
1 colher (sopa) de óleo de gergelim

PREPARO

Misture todos os ingredientes e coloque numa molheira.

INGREDIENTES PARA QUATRO PORÇÕES

1 raiz pequena de ginseng fresco
1 pimenta vermelha
1 pepino
1 rabanete
Alface
12 filés de salmão defumado

PREPARO

Lave o ginseng com uma escova e corte-o em doze partes no sentido do comprimento. Pique os demais legumes em tiras finas. Enxágue com água fria. Espalhe um pouco da mistura de vegetais sobre cada filé de salmão, adicione um pedaço de ginseng e enrole-o. Sirva os rolinhos de salmão com o molho de soja e gergelim.

Paixão dos Deuses
PERFEITO PARA A SOBREMESA

Esta receita é uma mousse de chocolate que você pode dividir com seu parceiro ou parceira, à mesa ou na cama. Dê asas à imaginação...

INGREDIENTES

1 envelope de gelatina sem sabor
2 colheres (sopa) de água fria
½ xícara (chá) de água quente
1 xícara (chá) de chantili
170 g de chocolate meio amargo derretido
2 claras batidas em neve
1 pão de ló

PREPARO

Numa tigela, coloque a gelatina e a água fria. Espere alguns minutos e adicione a água quente. Mexa até dissolver a gelatina completamente. Deixe esfriar. Em outra tigela, misture o chantili e o chocolate derretido morno. Adicione a gelatina e as claras em neve, mexendo delicadamente. Reserve. Corte o pão de ló em fatias e espalhe-as numa forma quadrada. Cubra com a mistura de chocolate. Tampe e refrigere por algumas horas. Sirva gelado.

UMA DIETA DE AROMAS

Você é um mistério de incontáveis energias que se juntam em dimensões infindáveis. Aceite isso e movimente-se com magnífica sensibilidade e clareza, captando a fragrância do amor. Cada um dos seus sentidos é a integração do êxtase que você pode dar e receber da pessoa amada. Tal ato será um perfume para toda a criação.

Aromas e dimensões de prazer

Nossa cultura dá tão pouco valor ao sentido do olfato que nem sequer desenvolvemos um vocabulário adequado para descrevê-lo corretamente. É quase impossível descrever o cheiro de algo a uma pessoa que nunca o sentiu. Há uma gama infinita de palavras para as mais sutis variações de cor, mas pouquíssimas para descrever as diferentes nuances do aroma.

Alguns odores podem elevar o erotismo ao ponto máximo, uma vez que o cheiro opera no nível subconsciente. Esses cheiros nos permitem evocar experiências sensuais muito antigas, das quais talvez nem nos lembremos, como algo ocorrido na infância, ou algo que nos tenha dado grande prazer. Também podem trazer à tona uma memória reprimida da adolescência, que desperta em nós um sentimento rejuvenescedor de liberdade.

Para ficar mais ciente da sensualidade contida em cada perfume e do modo como os cheiros nos conectam com a pessoa amada, você pode experimentar um dos seguintes exercícios:

- ♥ **Para o prazer do casal:** Lembre-se do cheiro de seu parceiro ou parceira na primeira vez que vocês fizeram amor. Lembre-se de como você se sentiu com tal cheiro.
- ♥ **Para vocês ficarem próximos:** Quando ele estiver viajando, você pode vestir uma camisa dele para dormir. Quando ela for passar uns dias fora, coloque uma camisa ou lenço seu na mala dela, para que ela se lembre de você e a distância pareça menor. Ao fazer isso, você pode ter o cheiro do parceiro ou parceira consigo a noite toda – mesmo quando estiverem longe um do outro.
- ♥ **Para intensificar os momentos após o sexo:** Sintam o aroma dos lençóis após o amor e conversem sobre as sensações associadas a esse aroma.
- ♥ **Uma receita maravilhosa para ajudar vocês a fazer as pazes após uma briga:** Evoque o aroma erótico da outra pessoa, lembrando-se dos momentos mais quentes que tiveram na cama.

Receitas para aromas naturais

Podemos usar perfumes e aromas naturais para fortalecer nossa vida sexual e nossos relacionamentos íntimos. O estímulo do olfato causa reação nos feromônios, os sinais químicos naturais entre dois corpos que estimulam a atração sexual e outras respostas genéticas. Embora os feromônios em si não tenham um odor específico, eles provocam reações eróticas por meio dos receptores olfativos. Foi demonstrado cientificamente que essas substâncias são particularmente ativas nas mulheres que estão ovulando. Os cientistas investigam atualmente até que ponto essas substâncias químicas, produzidas naturalmente pelo corpo, são estimulantes e como causam reação nos receptores olfativos. A ciência espera um dia encontrar uma explicação para o grande mistério da atração entre homens e mulheres, e o que é exatamente aquilo que chamamos de química sexual.

Usando a inteligência sexual, o casal pode fazer um ritual espalhando certos cheiros no ambiente ou no próprio corpo, aromas que produzam a resposta sensorial desejada ou determinado nível de excitação. Os casais podem usar perfumes naturais para fazer com que cada dia seja especial.

PERFUMES E AROMAS

Formular um perfume é uma arte porque personifica a expressão natural de todos os sentidos que os seres humanos experimentam. As pessoas sempre associam cheiro de madeira com sensualidade, o perfume das flores com romance e o aroma de frutas cítricas com vitalidade.

Na Antiguidade, enquanto os romanos, renomados conhecedores da arte do prazer físico, concentravam seus esforços na sensualidade da aparência, os egípcios se dedicavam a criar essências para perfumar o corpo, e associavam o uso dos aromas mais com a saúde física que com a sensualidade.

Apresento a seguir algumas receitas de perfumes que você pode fazer para trazer a magia do amor à sua casa.

Água de Vênus: PERFUME NATURAL

Os ingredientes deste perfume são estimulantes, o que significa que têm o poder de despertar os sentidos. Eles relaxam a mente, revitalizam a pele e exercem um efeito positivo sobre o sistema circulatório. Se combinados, como nesta receita, podem criar um clima altamente erótico. Os efeitos deste perfume são especialmente potentes quando a mulher o aplica em movimentos circulares nas próprias zonas erógenas, como em volta dos mamilos, nas axilas, abaixo dos seios, na nuca, na região lombar e em volta do umbigo. É bom também espalhar algumas gotas nas mãos ou nos punhos.

INGREDIENTES

4 colheres (sopa) de alecrim fresco triturado
3 colheres (sopa) de hortelã fresca triturada
3 colheres (sopa) de pétalas de rosa trituradas
1 colher (sopa) de raspas de casca de limão
2 colheres (sopa) de água de flor de laranjeira
2 colheres (sopa) de álcool (se tiver vodca, melhor)

PREPARO

Misture todos os ingredientes, coloque-os em um pote de cristal ou de vidro hermeticamente fechado e deixe-os descansar por duas semanas. Depois desse período, coe os ingredientes. O líquido resultante deve ser guardado numa garrafa por mais duas semanas para envelhecer.

Essência para almas gêmeas: perfume natural

Os ingredientes deste perfume podem variar, e ele pode ser usado pelos dois parceiros para provocar uma química sexual perfeitamente sincronizada. A combinação de aromas para ambos os sexos neutraliza as energias masculina e feminina, criando uma harmonia equilibrada para o casal. Você pode escolher três óleos essenciais diferentes, de acordo com suas preferências.

INGREDIENTES

14 colheres (sopa) de álcool comum
2 colheres (sopa) de água de rosas
6 gotas de cada óleo essencial

Escolha uma das seguintes combinações:

- ♥ lavanda, rosa e bergamota (aromas refrescantes para primavera ou verão; podem ser usados por ambos os sexos);

- alecrim, sândalo e ylang-ylang (uma essência perfeita para aumentar o magnetismo do homem);
- limonete, jasmim e limão (aromas energizantes e rejuvenescedores para o corpo e a mente; podem ser usados por ambos os sexos);
- flor de laranjeira, rosa e gengibre (combinação muito popular entre as mulheres, pois cria um clima deliciosamente sedutor).

PREPARO

Num pote hermeticamente fechado, misture o álcool, a água de rosas e os óleos essenciais de sua escolha. Coloque a mistura perto de uma janela em que bata sol ou em outro lugar aquecido, como a cozinha, e deixe-a descansar por três semanas. Importante: Chacoalhe o pote todos os dias. Após três semanas, coe os ingredientes e engarrafe-os.

VARIAÇÃO

Este perfume pode ser diluído em água destilada. Quando fizer isso, produza uma quantidade pequena por vez, porque os óleos essenciais são altamente voláteis e estragam com o tempo. Um perfume pode ser guardado por até dois anos.

Banhos de imersão

Os banhos de imersão nos dão uma sensação extremamente tranquilizante, como se retornássemos ao útero materno, onde ficamos totalmente cercados por líquido, que nos impregna de amor. Eles são tão sensuais e confortáveis quanto um mergulho num lago cristalino; tão estimulantes quanto uma noite bem-dormida, cheia de sonhos agradáveis; tão purificadores como a alma em voo, ganhando os céus.

Os banhos de imersão são um ritual muito especial, em contraste com o mundo estressante no qual vivemos. Por isso, requerem certo planejamento. Embora você não precise seguir todas as sugestões aqui apresentadas, tente usar tantas quanto possível, para criar o desejado clima romântico e sensual:

- ♥ Escolha uma hora do dia em que a casa esteja em silêncio.
- ♥ Crie o ambiente mais tranquilo possível.
- ♥ Tenha uma atitude positiva.
- ♥ Concentre-se em seu desejo e visualize-o realizado.
- ♥ Mantenha a mente aberta e calma, para que a energia flua em direção ao objeto de seu desejo, como um ritual de magia.
- ♥ Um ambiente romântico, à meia-luz, ajuda seu romance a decolar.

Alguns ingredientes opcionais para um banho romântico:

- ♥ champanhe para bebericar;
- ♥ licor cremoso;
- ♥ algum alimento com propriedades afrodisíacas, como chocolate, frutas, mel etc.;
- ♥ limonada ou suco de frutas frescas;
- ♥ incenso.

Carícias de flor: gel natural para banho

Se você e a pessoa amada querem reservar algum tempo para se banhar juntos e fortalecer os vínculos de intimidade e romance, experimentem este gel natural de flores para banho. Ele amacia a pele e melhora a circulação. Também aumenta o fluxo energético, porque o aroma faz aumentar a disposição, criando um estado positivo.

INGREDIENTES

1 colher (sopa) de lavanda fresca ou seca
1 colher (sopa) de tomilho fresco ou seco
1 colher (sopa) de camomila fresca ou seca

1 xícara (chá) de água
12 colheres (sopa) de sabonete ralado (cerca de 1 sabonete)
5 gotas de óleo essencial de lavanda ou tomilho

PREPARO

Moa as ervas em um pilão até formar uma pasta. Aqueça a água em fogo alto numa panela e, assim que ferver, adicione o sabonete, mexendo até dissolver completamente. Tire a panela do fogo e adicione as ervas moídas e o óleo essencial. Deixe a mistura esfriar. Despeje-a em garrafas, coloque uma etiqueta e guarde na geladeira.

INSTRUÇÕES DE USO

Coloque três ou quatro gotas de gel numa toalha úmida e esfregue sobre o corpo. Vocês podem massagear um ao outro com a toalha, fazendo movimentos circulares, estimulando delicadamente as zonas erógenas, de maneira suave e deliciosa.

ASAS DE ANJO: BANHO DE IMERSÃO

Este banho leitoso serve como relaxante e pode ser usado para nutrir e amaciar a pele dos parceiros antes de fazerem amor. O leite contém nutrientes essenciais de que o corpo precisa, principalmente para uma pele macia e jovem, e tanto os homens quanto as mulheres podem se beneficiar desta receita fantástica.

INGREDIENTES

½ xícara (chá) de leite em pó (se preferir, use leite de soja)
¼ xícara (chá) de maisena
¼ xícara (chá) de mel
5 a 9 gotas de óleo de jasmim para a mulher ou de alecrim para o homem. Se o casal quiser se banhar junto, usem óleo de lavanda ou de camomila
3 colheres (sopa) de água mineral ou destilada

PREPARO

Bata o leite em pó, a maisena, o mel e o óleo escolhido no liquidificador ou processador. Adicione lentamente a água, até a mistura ficar cremosa. Pode ser guardado na geladeira por até uma semana, não mais que isso.

INSTRUÇÕES DE USO

Para um banho aromático e relaxante, coloque o delicioso leite de banho numa banheira com água quente. Aproveite a sensação maravilhosamente doce que tomará conta de você.

OUTRAS OPÇÕES

Acenda uma vela aromática. Se o parceiro ou parceira estiver com você, massageiem os pés um do outro enquanto estão no banho.

Vocês podem ouvir sua música favorita enquanto se preparam para ser acariciados e amados.

Um dos dois pode começar, passando delicadamente uma escova macia pelo corpo do outro (exceto no peito e no rosto). As cerdas da escova devem ser suficientemente macias para não irritar a pele. Isso estimula a circulação e remove as células mortas. Assim, os óleos serão ainda mais eficientes. Comece pela sola dos pés, passe para os dedos e o peito do pé, depois vá subindo pelas pernas. Dê atenção especial às áreas ressecadas e rachadas (mas evite as verrugas e pintas em relevo). Sua pele ficará energizada e radiante após esse tratamento. Em seguida, troquem de função e preparem-se para fazer amor.

Bolhas Sensuais: Banho de Espuma

Você não precisa ter uma banheira de hidromassagem em casa para desfrutar de um bom banho de espuma. Com algumas velas e música suave e romântica, você pode criar um clima sensual próprio. Esta receita é de um gel para banho de espuma que tem várias qualidades benéficas — ajuda a pele a reter água, combate a secura e a desidratação.

Também protege a pele de agentes externos prejudiciais e promove elasticidade e maciez.

INGREDIENTES

2 ovos
1 xícara (chá) de azeite de oliva
12 colheres (sopa) de óleo de amêndoas
2 colheres (sopa) de mel
12 colheres (sopa) de leite (se preferir, use leite de soja)
8 colheres (sopa) de vodca
1 colher (sopa) de raspas de sabonete de banho suave ou sabonete de glicerina
5 gotas de óleo essencial de lavanda

PREPARO

Bata os ovos com um garfo e adicione o azeite de oliva, o óleo de amêndoas e o mel. Acrescente o leite, a vodca, as raspas de sabonete e o óleo essencial. Misture bem. Quando estiver tudo bem misturado, guarde na geladeira em frascos com etiqueta.

INSTRUÇÕES DE USO

Coloque uma colher cheia do gel numa banheira com água quente. Desfrute deste maravilhoso banho estimulante.

As propriedades do incenso

Facilita a concentração e a meditação individual ou em grupo.
Cria um ambiente agradável em casa ou no trabalho.
Dissipa energias negativas.
Atrai energia positiva e purifica o ambiente.
Ajuda a canalizar forças positivas em direção a suas metas.
Relaxa a mente, deixando-a em harmonia.

Incenso

Desde os primeiros registros da história, o incenso tem sido usado em diversos tipos de celebrações e rituais. Foi incorporado aos ritos religiosos sagrados e à vida cotidiana – e, claro, sempre que a magia do amor quer se fazer presente.

CLÍMAX: INCENSO NATURAL

Este incenso combina dois elementos – canela, que age como afrodisíaco e estimulante mental, e açúcar, que impregna o ambiente de uma suave doçura. Esta combinação cria uma energia poderosa e um aroma peculiar. Este incenso propicia o completo prazer sexual.

INGREDIENTES

1 pau de canela em pedaços
1 xícara (chá) de hortelã fresca
1 colher (sopa) de açúcar mascavo
Carvão orgânico para queimar

PREPARO E INSTRUÇÕES DE USO

Misture a canela, a hortelã e o açúcar mascavo. Queime a mistura sobre o carvão incandescente. Queime o incenso por meia hora antes de fazer amor, assim o aroma evocativo permanecerá potente.

ONDE ENCONTRAR OS INGREDIENTES PARA FAZER INCENSO

Os ingredientes listados nesta seção podem ser encontrados em supermercados e feiras livres, bem como em lojas especializadas em alimentos e produtos orgânicos.

Se você não tiver tempo para fazer o incenso, compre-o pronto, em vareta ou cone.

Domingo: Os incensos perfeitos são de canela e de sândalo, pois possuem aromas mágicos que favorecem a união amorosa, a boa saúde e o sucesso.

Segunda-feira: Patchuli e jasmim favorecem a boa disposição, necessária para enfrentar a semana que se inicia com um espírito especial de romance.

Terça-feira: Se quiser despertar a paixão, estimular a atração e enfeitiçar a pessoa amada, use incenso de alecrim e de rosas.

Quarta-feira: Mirra e benjoim são dois aromas que agem como tônico sexual e dissipam energias negativas, melhorando e fortalecendo as emoções positivas na casa.

Quinta-feira: Diversas pessoas escolhem a quinta-feira para o primeiro encontro, e muitos casais que já namoram saem neste dia, antes do fim de semana. Para atrair fortemente e reter a sensualidade do casal, incensos de louro e de lavanda são perfeitos.

Sexta-feira: Para este dia especialmente romântico, âmbar e cedro têm um poderoso efeito sedativo, bom para eliminar qualquer estresse acumulado na semana e abrir o caminho para o amor.

Sábado: Para fortalecer a energia positiva e abrir uma nova dimensão mental, preparando o caminho para um sábado de ardente paixão, use incenso de violeta e limão.

ATRAÇÃO INTERMINÁVEL: INCENSO NATURAL

O aroma que este incenso proporciona pode ser usado para fortalecer e reafirmar seu relacionamento. Você pode acendê-lo em momentos tranquilos e românticos com o parceiro ou parceira, para acompanhar um jantar à luz de velas, para o dia a dia ou na hora de fazer amor.

INGREDIENTES

1 colher (chá) de gerânio

> 1 colher (chá) de casca de maçã
> 1 colher (chá) de mel
> 1 colher (chá) de flor de laranjeira
> Uma pitada de canela
> Uma pitada de açúcar mascavo
> Carvão orgânico para queimar
>
> **PREPARO E INSTRUÇÕES DE USO**
> Prepare o incenso e queime-o conforme explicado na receita anterior.

Os aromas são ingredientes fundamentais para estabelecer um relacionamento satisfatório e completo, em harmonia com seu corpo e o da pessoa amada. E podem ser usados como uma forma divertida de dar o primeiro passo e criar um clima aromático e sedutor para o primeiro encontro. O sentido do olfato cria um elo de intimidade com a outra pessoa, pois, quando nos aproximamos o suficiente para sentir o cheiro da pele do outro, mostramos que não somos inibidos e podemos facilmente nos entregar à nossa natureza sensual, nosso lado livre e fascinante. Não hesite – seduza e cative com os aromas contidos nestas páginas.

DIETAS PARA APRIMORAR SUA VISÃO ERÓTICA

> Sinto seu olhar excitado, sensual, e me reconheço nele.
> Sou um reflexo em seu interior, vivo em seus olhos.
> É só através de sua luz que percebo minha existência.

Olhe e verá

Encontros românticos sempre começam com um olhar cheio de admiração ou de desejo pelo corpo da outra pessoa. Vestido ou completamente nu, o corpo é uma presença física. No instante em que queremos expressar nosso desejo ou amor por alguém, o corpo se torna o objeto mais importante do mundo.

Usamos o sentido da visão para observar o objeto de nossa afeição, e tentamos detectar no olhar do outro se ele nos deseja. Vemos o corpo em todo seu esplendor. Vemos que a pele da pessoa amada parece se fundir à nossa, formando uma nova e perfeita substância na alquimia do amor.

Talvez nesse momento específico já não estejamos vendo – simplesmente percebemos um mundo cheio de gostos, sussurros, visões, sombras, luzes, texturas etc. É importante que esse deslumbre, que começa com uma chama de desejo a primeira vez que nos vemos, se reflita em nosso olhar e no de nosso parceiro ou parceira. Quanto mais alto o nível de percepção consciente em cada ato de amor, mais fácil será conquistar o coração da pessoa amada.

A intensidade do amor não precisa diminuir, desde que aprendamos a reproduzir a mesma inocência, aquele desejo e anseio ardente que sentimos na primeira vez.

As posições e suas vantagens

Toda situação romântica é única e não pode ser repetida, mesmo que façamos amor com a mesma pessoa a vida toda. Nosso humor muda, nosso corpo precisa de mudança. A alma está constantemente detectando e repercutindo novos planos de existência. Os relacionamentos vivem em constante estado de transformação, porque nos transformamos permanentemente.

Do mesmo modo, durante o ato sexual, quando mudamos de posição e experimentamos fazer amor num fluxo contínuo de transformações, aos poucos aprendemos a despertar todos os nossos sentidos, principalmente o da visão.

No capítulo 15 de *A dieta do amor* (página 181), você vai encontrar descrições detalhadas de diversas posições do *Kama sutra*. Elas vão ajudar você a estimular a visão e aprender mais sobre a arte do amor, aproveitando-a ao máximo.

Quando a mulher não consegue...

É comum as mulheres sentirem que o parceiro está com pressa na hora de fazer amor, correndo para alcançar a linha de chegada. Às vezes, a mulher precisa de ajuda para relaxar. Para conseguir isso, é uma boa ideia ela pedir ao homem que se deite e relaxe enquanto ela o beija e acaricia por vários minutos. Os homens que não passam nesse teste geralmente são aqueles que se apressam ou que pulam as preliminares, tornando o sexo uma experiência insatisfatória do ponto de vista feminino.

Para a mulher ter orgasmos múltiplos, ela precisa de mais que a ajuda do parceiro – é muito importante que ambos sintam grande confiança e afeição um pelo outro. Se você se relaciona com uma mulher que tem dificuldade de alcançar o orgasmo, precisa se sentar encostado na parede e deixá-la descansar a cabeça em seu colo, enquanto a acaricia e abraça com ternura. Sinta a afeição de sua parceira por você. Sinta o batimento cardíaco dela. Depois, troquem de lugar, e você descansa a cabeça no colo dela. Vocês podem fazer esse exercício vestidos ou nus, como um prelúdio para o sexo a qualquer momento.

Para aumentar sua satisfação sexual, é importante se concentrar em seu prazer. A masturbação pode frequentemente produzir uma concentração sexual especial nas mulheres, e elas são capazes de experimentar o mais intenso prazer explorando o próprio corpo e tocando as próprias zonas erógenas.

Qual é o maior impedimento ao orgasmo feminino?

De modo geral, essas mulheres temem o olhar do amante. Quando a mulher é muito crítica em relação à própria nudez, quando se sente insegura quanto à própria aparência, as energias sexuais ficam bloqueadas. Mas, se o parceiro for compreensivo, carinhoso e gentil, ele pode ajudá-la a encontrar uma solução para esse problema.

> ## ℐINAIS DE INSEGURANÇA NO RELACIONAMENTO SEXUAL
> ♥ Você prefere fazer sexo no escuro.
> ♥ Raramente deixa o parceiro vê-la nua.
> ♥ Você se preocupa com a aparência de seu corpo enquanto está fazendo amor.

Para impedir que essas preocupações atrapalhem seu prazer, é importante se concentrar em "viver o momento". Experimente ao máximo cada carícia, cada beijo, cada toque e cada som. Sinta-se absolutamente linda aos olhos do homem que a ama.

UMA DIETA DE SERENATAS

O sentido da audição desempenha um papel ativo em todas as técnicas apresentadas neste capítulo. Com uma boa concentração nos sons e tons do ato sexual, a cada exercício sua audição ficará um pouco mais aguçada.

A comunicação é uma maneira de usar a audição. Quanto menos preconceitos e menos bagagem emocional tivermos como ouvintes, melhor compreenderemos o parceiro ou parceira e maior será nossa empatia.

As seguintes sugestões ajudarão vocês não só a desenvolver o sentido da audição, mas também a entrar em completa sincronia, física, emocional e espiritualmente.

A arte dos sons eróticos e seus diferentes estilos

Escutar é uma arte, e no sentido erótico da palavra – mais que uma sinfonia musical ou um coro de anjos – é muito interessante ouvir o tom quase animalesco de seres humanos fazendo amor. Eles podem ser muito criativos e até impressionantemente belos.

Quem já não se excitou só de ouvir os gemidos apaixonados do amante? Os gemidos são uma parte irresistível do sexo. Embora, a maior parte do tempo, sejam produzidos espontaneamente durante o ato sexual, eles são involuntários e, às vezes, inevitáveis. É importante produzir esses sons, para satisfazer o ego do parceiro ou parceira e comunicar de forma não-verbal o prazer que estamos sentindo. Assim, com um pouco de inteligência, poder de sedução e prática, você pode criar seus próprios sons eróticos. Eis alguns tipos diferentes de sons, para ambos os sexos:

- ♥ **Gemidos:** São uma forma de expressão entre verbal e gutural, que serve como excelente guia para ajudar o parceiro ou parceira a entender do que gostamos, confirmar o tipo certo de toque ou simplesmente expressar o que estamos sentindo.
- ♥ **Sons ofegantes:** Estes sons geralmente indicam que o clímax está chegando rapidamente. O som ofegante – respiração cortada, rasa – é uma parte tão integrante do orgasmo que, no Oriente, foi inventada a técnica da correspiração para sincronizar a respiração dos amantes. É uma técnica interessante, porque o ato de ofegar acontece em uníssono, com ambos usando a respiração abdominal, de modo que todo o ar se acumula na área genital e é expelido na arfagem.
- ♥ **Suspiros:** São afrodisíacos verbalizados, que podem ser reais ou dramatizados, como parte da brincadeira sexual. O suspiro mais bonito que um homem ou uma mulher pode dar é algo do tipo: "Isso... Isso... É bom demais!" Algumas pessoas acham extremamente estimulante falar "indecências", e usam o máximo de palavras sensuais e devassas para excitar o parceiro ou a parceira. Todos os casais têm um vocabulário secreto que não partilham com mais ninguém.
- ♥ **Sons selvagens:** Vatsyayana, autor do *Kama sutra*, recomenda imitar grunhidos de animais selvagens para enriquecer a experiência sexual.

Como você pode ver, há todo um mundo de sons possíveis que você e a pessoa amada podem descobrir juntos, a começar de hoje. Mergulhe nessa sua parte instintiva e escute, com os ouvidos e os sentidos, o que o parceiro ou a parceira está tentando lhe dizer.

O SEXTO SENTIDO DO AMOR

Até aqui, desenvolvemos e fortalecemos todos os sentidos: tato, paladar, olfato, visão e audição. Agora é o momento perfeito para explorarmos o sexto sentido do amor.

Intuição é, por definição, a "faculdade de perceber, discernir ou pressentir coisas, independentemente de raciocínio ou de análise". Portanto, qualquer pessoa, sem precisar ser clarividente ou paranormal, pode experienciar uma compreensão intuitiva num dado momento.

O problema é que o consciente costuma desconsiderar tudo que não vem de um processo lógico, e normalmente não nos damos conta dessas mensagens. Muitos de nós não sabemos que podemos usar a mente em duas direções: externa ou internamente. A mente externa é obcecada pelo contato com o mundo físico e mental, tanto no nível emocional quanto no sensorial, ou seja, nossas sensações, reações e tudo que vem por meio dos cinco sentidos e do cérebro. A mente interna, por sua vez, ocupa-se dos pensamentos associados à imaginação. Também podemos nos referir a ela como intuição.

O cérebro é composto de dois hemisférios que se conectam, mas possuem funções separadas. O hemisfério esquerdo dirige o pensamento racional, analítico, a linguagem e as funções matemáticas. Também nos conecta com a realidade externa. O hemisfério direito focaliza as coisas artísticas e intuitivas. Ajuda a nos comunicar com nosso mundo interior.

Assim, a mente nos deixa processar as sensações externas e nossa realidade interna. Ela tem um nível de percepção consciente que está em contato com os dois lados do cérebro e expressa as diferentes realidades percebidas.

Seguindo certas técnicas, como relaxamento e visualização, podemos baixar as defesas do ego racional e nos tornar mais receptivos ao mundo à nossa volta. Toda vez que temos uma sensação súbita que nos impede de fazer algo, ou uma premonição que posteriormente se revela correta, estamos usando a intuição. Isso acontece, por exemplo, quando decidimos telefonar para alguém que não vemos há muito tempo e descobrimos que essa pessoa precisa de ajuda, ou quando tomamos uma decisão difícil que, mais tarde, se revela a melhor possível. Algumas pessoas dizem: "Não sei como, mas eu sabia".

O pensamento intuitivo se manifesta de quatro formas psíquicas: instintivamente (quando você "sente" um perigo que não existia até aquele momento), emocionalmente (atração ou repulsa imediata por alguém ou algo), mentalmente (uma solução instantânea para um problema intelectual) ou espiritualmente (quando algo se revela ou se ilumina a nós de modo espontâneo). A inteligência intuitiva é inata em todos nós e ocupa uma parte específica do cérebro. A pergunta é: Como podemos entrar na mente? Quando falamos dela, primeiro temos de examinar as diferentes funções do cérebro.

A alegria do equilíbrio mental

A mente tem um nível subconsciente que trabalha ininterruptamente, além das limitações de espaço e tempo, governando todas as funções de nosso ser e recebendo as energias das diferentes dimensões da consciência coletiva. O organismo humano gera muita energia, e o campo energético de dois ou mais corpos pode interagir. O fenômeno de formar uma conexão entre os sentidos de dois ou mais seres humanos é chamado de *telepatia*.

O QUE É TELEPATIA?

Telepatia (*tele*, a distância; *patia*, sensação) consiste em saber o conteúdo de um ato psíquico a distância. Pode existir comunicação direta de uma mente consciente para outra, e o fenômeno também pode ocorrer em nível subconsciente.

A telepatia espontânea acontece subconscientemente. Já foi demonstrado que as transmissões telepáticas espontâneas estão intimamente relacionadas aos níveis de afeição que dois indivíduos têm um pelo outro. O casal pode gerar uma espécie de "energia de amor" que facilita a conexão entre os dois, bem como a transmissão e a recepção de seus pensamentos.

UMA RECEITA PARA A TELEPATIA DO AMOR

Faça a seguinte brincadeira com a pessoa amada para reafirmar e fortalecer sua ligação de amor. Se você não tiver um relacionamento íntimo no momento, pratique os exercícios com um bom amigo ou amiga.

- ♥ Tente prever o que a pessoa quer comer naquele dia.
- ♥ Veja se você sabe, ou se consegue perceber, o que ela sonhou a noite passada.
- ♥ Entre em contato com determinado sentimento ou emoção que a pessoa tenha experimentado em determinado momento da vida ou alguma experiência que ela tenha vivido e tenha tido impacto em seu atual relacionamento. Pergunte à pessoa se sua intuição está certa.
- ♥ Olhe para o relógio e veja que horas são. Agora, feche os olhos e tente visualizar exatamente o que seu parceiro ou parceira está fazendo no momento. Quando se encontrarem, pergunte se acertou.
- ♥ Combine com a pessoa amada para fazer este exercício num momento do dia em que vocês não estejam juntos. Decidam quem vai tentar transmitir um pensamento e quem vai recebê-lo. No dia seguinte, invertam os papéis. Após experimentar este exercício várias vezes, vocês vão perceber qual das duas funções – receber ou transmitir – se ajusta melhor a cada um de vocês. Lembre-se de que transmitir e receber comunicação é uma habilidade muito importante durante o ato sexual.
- ♥ Tente prever determinado desejo sexual que seu parceiro ou parceira possa ter determinado dia.

♥ Quando o telefone de seu trabalho tocar, tente perceber se é a pessoa amada que está ligando, antes de atender. Anote todas as vezes que o telefone tocar e você souber intuitivamente, antes de atender, que é a pessoa.

Torne-se especialista em saber e prever os gostos da pessoa amada, seus desejos, sonhos, necessidades e pensamentos. Se conseguir desenvolver o sexto sentido, você se tornará irresistível, e mais sensual a cada dia.

5
A DIETA DA COR: CORES QUE ABREM CAMINHO PARA O AMOR

Ao fazer amor, o casal cria arco-íris, cores brilhantes, vibrações cósmicas e os néctares mais doces. Enquanto dançam em seu ritmo erótico, os amantes crescem e mudam, se transformam, se unem, personificando a sinfonia atemporal do mundo natural em todo seu espantoso poder.

COR E SEXO

Se quiser causar impacto no parceiro ou parceira e despertar desejo e paixão, criando um clima mágico e gerando química sexual, você pode usar diversas cores para prolongar e aumentar o prazer.

Você já tentou imaginar como as cores influenciam sua vida amorosa? É importante ter em mente que a energia das cores também afeta os relacionamentos. A luz do sol proporciona calor e energia ao sistema planetário e emite raios de luz que se dividem em sete cores: vermelho, laranja, amarelo, verde, azul, violeta e anil.

Para criar um ambiente amoroso especial para seu relacionamento, você pode usar as cores de muitas maneiras. Um modo de aumentar a energia erótica, por exemplo, é usar velas coloridas para mudar o clima do quarto.

Para inspirar paixão, vitalidade e potência, use velas ou luzes vermelhas. O laranja serve para reabastecer a energia e é particularmente recomendado para corrigir problemas de comunicação e fortalecer a conexão física. As mulheres podem usar *lingerie* em diferentes tons de vermelho, laranja e amarelo, para acentuar as curvas femininas. O violeta, por sua vez, contém a vibrante energia masculina do vermelho e a tranquilizante energia feminina do azul. Use o violeta para manter as emoções em harmonia, uma vez que suas vibrações são altamente estimulantes para o sistema nervoso, provocam níveis mais altos de atividade mental e sexual e estimulam os reflexos.

O preto é uma cor geralmente associada à noite ou ao desconhecido. Paradoxalmente, a cor preta é relacionada ao mesmo tempo com a morte e com a sensualidade ou o sexo. Ela pode exercer impacto positivo em pessoas ansiosas. A luz negra pode estimular o relaxamento antes do encontro sexual.

O dourado pode ajudar a fortalecer o amor, o romantismo e o erotismo. É importante ter algum objeto dessa cor em mãos.

Se você e o parceiro ou parceira querem alimentar o espírito com esperanças, sonhos e harmonia, é importante visualizar as cores azul e turquesa-escuro, que agem como maravilhosos relaxantes, como uma música celestial dentro de vocês, principalmente antes de fazer amor.

Você também pode visualizar, pintar ou decorar um espaço de verde, ou usar roupas dessa cor, para gerar equilíbrio entre a lógica e a intuição.

Impacto visual

É preciso dar atenção especial ao modo como nos preparamos para fazer amor. Tem de ser um ritual de paixão que se reinventa. É importante considerar que roupa vamos usar, que tipo de maquiagem (ou se vamos de "cara lavada"), que música tocar, qual o melhor tipo de iluminação e até que combinação de cores vamos utilizar para que o encontro sexual seja o mais visualmente estimulante possível.

As cores devem ter o mesmo efeito magnético que aquelas usadas nos sistemas de transporte público. Devem ser fáceis de ver sobre qualquer tipo de fundo, para chamar a atenção da pessoa amada e ajudá-la a focalizar nosso corpo.

Eis algumas combinações apropriadas:

♥ preto sobre amarelo;
♥ verde sobre branco;
♥ vermelho sobre branco;
♥ azul sobre branco.

O uso de qualquer uma dessas combinações de cores no ambiente aumenta o impacto visual, chama atenção, incita a curiosidade e atiça a paixão do casal.

O círculo de proteção

O ser humano é uma confluência de energias tão vibrantes quanto um campo colorido de flores. Antes de fazer amor, você e o parceiro ou parceira podem praticar um exercício que os ajudará a esquecer o estresse e os dissabores do dia. Por cinco a dez minutos, tentem visualizar um círculo azul cercando vocês dois, envolvendo-os espiritualmente dos pés à cabeça.

Para que este exercício funcione, vocês precisam visualizar o círculo composto de energia protetora. Precisam se visualizar fazendo amor enquanto seus corpos são envolvidos numa espiral azul – a cor que simboliza o poder e a vontade da energia do universo.

A ideia é visualizar uma luz azul muito brilhante e poderosa, que cerque seu corpo com um campo de energia. Se conseguirem se ver envoltos por esse círculo de proteção, vocês serão capazes de proteger o relacionamento contra todo tipo de forças negativas que poderiam influenciá-lo, sejam forças externas ou energias negativas vindas de vocês mesmos, manifestando-se na forma de pensamentos ou emoções ruins.

O objetivo do exercício é possibilitar à mente e à alma alcançarem um nível mais elevado de foco. É bom fazer este exercício antes de qualquer contato físico. Se você quiser relembrar esse sentimento de proteção, excitação e afeição posteriormente, depois que terminar o exercício, fixe o olhar nos olhos do parceiro ou parceira – focalize a cor e a forma deles –, para que, quando você estiver sozinho, consiga se lembrar da imagem daqueles olhos e evocar aquela energia especial.

Coloque sua personalidade e seus sentidos em harmonia

O sentido da visão não é o único que reage às energias vibrantes das cores. Nossas demais partes – pele, células, cérebro, emoções, energia mental etc. – também reagem a todas as vibrações que podem ser encontradas no universo. Assim, os fenômenos naturais à nossa volta – sejam eles sons, calor, aromas, cores, energias ou até ondas de pensamento – são espécies de luz e radiação que formam parte do vasto campo eletromagnético que nos rodeia.

É por isso que as cores que você escolhe revelam algo sobre sua personalidade e seu estilo pessoal de relacionamento. Sua cor favorita está intimamente ligada a seus cheiros favoritos. Escolha, na lista a seguir, as cores e aromas que mais combinam com sua personalidade e a da pessoa amada.

VERMELHO

As pessoas que preferem o vermelho gostam de fragrâncias ativas, carregadas de vitalidade. Apreciam aromas dinâmicos e fortes, que excitam e atraem o sexo oposto. Os fãs do vermelho gostam de usar perfumes que deixam uma impressão duradoura.

ROSA

Quem é fã do rosa prefere fragrâncias mais sutis, refinadas, harmoniosas. Por tenderem a ser afetuosas e gentis, essas pessoas gostam de usar perfumes com um toque adocicado. Às vezes, usam um perfume que ganharam de presente para mostrar gratidão e pensar na pessoa amada. Os novos aromas florais, que escondem um toque de sensualidade magnética, são perfeitos para os fãs do rosa.

LARANJA

Os fãs do laranja gostam de aromas estimulantes, frescos e vibrantes. Não se sentem atraídos pelas fragrâncias mais tradicionais e discretas. Gostam de ser o centro das atenções em tudo que fazem e precisam se destacar do "rebanho". Se você tiver um caso de amor com uma pessoa que ama o laranja, sempre se lembrará do cheiro dela.

PRETO

As pessoas que se sentem atraídas pelo preto gostam de fragrâncias sofisticadas e refinadas. Apreciam perfumes que possam se tornar sua assinatura, única e exclusiva.

AZUL

Quem gosta do azul prefere fragrâncias que evocam elegância e tranquilidade e podem ser usadas em qualquer época. Os fãs desta cor apreciam aromas harmoniosos e equilibrados.

AMARELO

Os fãs do amarelo gostam de aromas radiantes e refrescantes. Não procuram uma fragrância comum, corriqueira. Geralmente se identificam com os perfumes do verão – fragrâncias frutadas que inspiram força e energia.

VERDE

As pessoas que são atraídas pelo verde precisam de uma fragrância especial e delicada. Não costumam usar perfumes concentrados, que são aplicados apenas em pontos estratégicos – preferem colônias de aroma natural para o corpo todo.

CINZA

O cinza evoca fragrâncias clássicas, discretas e elegantes. Os que gostam desta cor podem usar a mesma fragrância a vida toda, apesar das mudanças nas tendências da moda. São muito sensíveis aos perfumes das outras pessoas.

BRANCO

As pessoas que gostam do branco preferem aromas limpos, puros e frescos. Os fãs desta cor escolhem fragrâncias mais frutadas, misturadas com um elemento floral. Nunca usam perfumes muito doces ou fragrâncias concentradas.

VIOLETA

As fragrâncias favoritas dos fãs do violeta são misteriosas, ricas e provocantes, geralmente aromas orientais. Quem gosta desta cor não se sente atraído por perfumes comuns. Prefere não usar perfume algum, a menos que encontre um que lhe pareça completamente em sintonia com sua personalidade magnética.

CORES PARA O PRIMEIRO ENCONTRO

As cores podem definir pessoas, momentos e, claro, impressões iniciais. Para o primeiro encontro ser um sucesso, use o guia a seguir para escolher as cores certas em seu guarda-roupa:

- **Vermelho:** Representa o elemento fogo. Use essa cor se quiser despertar paixão e felicidade, chamar a atenção de todos ou facilitar uma tomada de decisão rápida e eficiente.
- **Verde:** Pode ser usado para realçar sua confiabilidade, estabilidade, maturidade e autoconfiança. Entretanto, o verde não é uma cor naturalmente sedutora.
- **Branco:** Use o branco para criar uma impressão de formalidade e profissionalismo, talvez até de distância e seriedade. Não é uma cor apropriada para festas, mas você pode usá-la no primeiro encontro se for à praia.
- **Preto:** Esta é uma cor que, assim como a água, pode se adaptar a qualquer situação e clima. É sempre elegante, estilosa e disfarça imperfeições. Se você quiser criar uma aura de mistério no primeiro encontro, esta é a cor perfeita para vestir. Mas, se quiser abrir as linhas de comunicação para uma conversa franca e amigável, o preto deve ser evitado. É uma cor naturalmente sedutora, sexualmente magnética, tanto para os homens quanto para as mulheres, principalmente nas peças íntimas.
- **Amarelo:** Use esta cor para gerar cordialidade, amizade e confiança. O amarelo favorece a comunicação e a troca de ideias, embora não seja apropriada para sensualidade ou sedução.
- **Azul:** Use roupas azuis se quiser inspirar um clima formal, agradável e calmo. Mas certamente não o use se pretende inspirar sensualidade e aumentar seu poder de atração.
- **Cinza:** Esta é uma cor capaz de neutralizar as emoções e suavizar as reações psicológicas. É uma boa cor para usar num encontro às escuras, quando você não conhece a pessoa que vai encontrar e não sabe como serão as reações dela.
- **Violeta:** Esta cor pode ser usada para atrair o sexo oposto. Se você visualizar o violeta antes do primeiro encontro, poderá evocar certo poder sexual e autoconfiança em seu íntimo.
- **Bordô:** Vista roupas desta cor no primeiro encontro se quiser provocar uma reação abertamente sexual, e se tiver certeza de que quer estabelecer um relacionamento íntimo com a outra pessoa.

♥ **Rosa:** A cor rosa evoca inocência e doçura, mas também irradia amor. Se quiser despertar sentimentos de proteção e admiração, não deixe de usar esta cor.

6
As FLORES DO AMOR

A flor é uma manifestação pura e amorosa de arte e beleza, uma dádiva sagrada do universo. As flores são uma expressão viva, simbólica e espiritual da natureza humana. Sua extraordinária beleza pode ser admirada; seu maravilhoso perfume impregna o ambiente de energias de cura; elas abençoam nossa vida com sua delicadeza.

AS FLORES E O AMOR

Belas como são, as flores têm linguagem e história próprias. Nos relacionamentos românticos, podem desempenhar uma função muito especial na fase da conquista. Grandes histórias de amor já tiveram início com a ajuda de uma simples e adorável flor.

Além de simplesmente admirar as flores e todo seu poder e beleza, e de usá-las para decoração, precisamos conhecê-las, compreendê-las, escutá-las, senti-las e aprender a interpretá-las.

Como qualquer outro ser vivo, as flores têm seu campo energético particular, com um nível próprio de vibrações e qualidades únicas. São como antenas, constantemente recebendo as energias do cosmo por meio do ar e as energias da terra pelo solo, subindo pelas raízes, passando pelo caule e finalmente chegando à flor em si.

Na cultura japonesa e em outras culturas asiáticas, as flores são uma parte importante dos rituais em honra do Criador, pois promovem harmonia com a alma. São colocadas no altar do templo ou da casa da pessoa que quer uma vida agraciada pela beleza pura e mágica das flores.

As flores evocam:

- ♥ sentimentos de gratidão;
- ♥ bom humor;
- ♥ unidade;
- ♥ afeição natural pelos outros;
- ♥ relacionamentos intensos;
- ♥ amizade;
- ♥ frescor e vitalidade.

Conselhos para seguir ao dar flores

DO HOMEM PARA A MULHER

Quando o homem quer dar flores à mulher, não deve esperar o aniversário de namoro, o aniversário dela ou o Dia dos Namorados. Deve dar as flores pessoalmente, a menos que sejam uma oferta de paz ou precisem ser entregues por terceiros devido a outras circunstâncias.

Tanto os homens quanto as mulheres atribuem grande significado simbólico às flores. A variedade é tal que você pode dar flores à sua amada todos os dias sem precisar repeti-las. O simples ato de dar flores, mesmo que seja uma só, já conquistou muitos corações, até o da pessoa mais obstinada. Para decidir que tipo de flor você deve escolher para cada ocasião, leia a seção a seguir, que trata do significado das flores.

Para o homem que quer demonstrar sua afeição, flores são o presente perfeito, pois as mulheres as consideram um sinal de boas maneiras e cavalheirismo.

DA MULHER PARA O HOMEM

Os homens adoram receber flores – eles apreciam sua beleza e energia positiva tanto quanto as mulheres. Também gostam de ganhar plantas – por exemplo, um lindo bambu.

Os homens gostam de ganhar flores pelo mesmo motivo que gostam de enviá-las: sentir que são queridos. Um buquê de flores não é algo que se esquece facilmente. Assim como as mulheres, os homens também se lembram de todas as vezes que ganharam flores. De modo geral, as cores servem como estímulo visual para os homens, por isso eles costumam preferir flores de cor vibrante, como amarelo, laranja e vermelho.

Se você estiver pensando em mandar flores a um homem, lembre-se de que ele vai pensar em você toda vez que olhar para elas.

O SIGNIFICADO DAS PLANTAS

Cada planta tem sua linguagem, função e energia singular. Podemos enviar diferentes mensagens, dependendo das flores ou plantas que usamos, o que pode ajudar nosso relacionamento a desabrochar e crescer.

- ♥ **Abeto:** Simboliza estabilidade e longevidade no relacionamento.
- ♥ **Acácia:** É particularmente recomendada para pessoas criativas, porque estimula os poderes intuitivos. Representa elegância e amor altruísta.
- ♥ **Açucena-branca ou lírio-branco:** Esta é uma flor perfeita para adolescentes se presentearem, por causa de sua originalidade e sua ligação com o primeiro amor.

- ♥ **Adônis:** Esta planta é perfeita para evocar memórias românticas e apaixonadas.
- ♥ **Agrimônia:** Inspira sentimentos de gratidão na pessoa que a recebe. Acalma tensões que possam existir no relacionamento.
- ♥ **Alecrim (flor):** O alecrim é particularmente apreciado por pessoas com tendências solitárias, de isolamento; ajuda as pessoas a se aproximar em um espírito de união.
- ♥ **Aloé:** Esta planta deve ser dada a pessoas que precisam se livrar do estresse ou superar um estado de apatia. Inspira relaxamento.
- ♥ **Amaranto:** É uma flor excelente para dar como expressão de amizade.
- ♥ **Amarílis:** É uma flor maravilhosa para amantes completamente satisfeitos com o relacionamento, tanto sexual quanto emocionalmente, darem de presente.
- ♥ **Ambrósia:** Gera uma troca igual e recíproca de afeição nos relacionamentos.
- ♥ **Amor-perfeito:** Esta é uma flor muito sutil. É perfeita para expressar o desejo de compromisso e amor.
- ♥ **Azaleia:** Emana vitalidade, paixão e alegria de viver.
- ♥ **Azevinho:** Representa maturidade, bom senso e sabedoria prática e inspira compaixão. A energia desta planta é recomendada para quem quer abrir o coração.
- ♥ **Bambu-da-sorte ou dracena sanderiana:** Também conhecida como "árvore da felicidade", esta planta é singular e elegante. Costuma ser chamada de bambu por causa de seu caule comprido como uma haste. Seu nome científico é *Dracaena sanderiana* e pertence à família das ruscáceas. Esta planta, também chamada de "feng shui da sorte", é uma das favoritas entre os homens.
- ♥ **Begônia:** É associada com amizade e boa vontade e também emana paixão.
- ♥ **Beladona:** Ajuda a melhorar a comunicação do casal, inspirando honestidade.

- **Bico-de-papagaio ou poinsétia:** É um presente maravilhoso e incomum para a mulher dar ao homem na época do Natal. Representa compromisso com a família ou o casamento.
- **Cacto:** Estas plantas irradiam energia, vitalidade e segurança e inspiram força e determinação.
- **Camélia:** Esta flor expressa adoração. É perfeita para fazer a mulher se sentir especial e amada.
- **Cardo:** Esta planta melhora nossos talentos. É um presente perfeito para artistas em qualquer área de criatividade.
- **Chicória:** É um ótimo presente para pessoas que têm medo do abandono.
- **Clêmatis:** Expressa a beleza da alma, o sonho do amor. É a flor própria para os românticos inveterados.
- **Cravo:** O cravo inspira diferentes sentimentos em cada pessoa. É usado para seduzir sem expressar uma paixão muito evidente.
- **Crisântemo:** Esta flor representa a amizade. Não é usada para seduzir, mas serve para enfatizar, de forma delicada, um momento de ternura.
- **Dália:** A dália inspira compreensão e facilita a sedução. É também uma boa flor para usar como oferta de paz após uma briga.
- **Flor de bétula:** Inspira harmonia e ternura nos relacionamentos.
- **Flor de laranjeira:** Pode ser usada para nos libertar do passado e apagar lembranças de experiências dolorosas nos relacionamentos. Simboliza inocência e matrimônio.
- **Gardênia:** Esta é a flor do flerte, dos amores secretos e do desejo.
- **Gengibre, também conhecida como flor-da-redenção, bastão-do-imperador ou rosa-de-porcelana:** Esta flor não vem da raiz do gengibre, apenas tem o mesmo nome. É muito bonita, parece um abacaxi cor-de-rosa. Suas energias impregnam o lar de força e vitalidade.
- **Gerânio:** Tem uma energia misteriosa. Sua presença pode ser uma cura para o casal em crise.

- **Girassol:** Esta flor simboliza a mais pura energia. Um girassol dado de presente envia uma mensagem de verdadeira adoração. É como dizer: "Eu lhe daria o sol!"
- **Gladíolo:** Perfeita para um encontro às escuras ou para uma situação que requer coragem.
- **Glicínia:** Representa frescor, inocência e originalidade.
- **Goivo-amarelo:** Esta flor inspira fidelidade e estabilidade diante de quaisquer adversidades. Também revela algo acerca de nossas qualidades de modéstia e ternura.
- **Hera:** Simboliza fidelidade e um compromisso para a vida toda.
- **Hortênsia:** Quando um dos parceiros foi insensível ou descuidado com o outro, esta é a planta perfeita para pedir perdão.
- **Íris:** Esta é a flor nacional da França. Está associada com fé, esperança e justiça.
- **Jacinto:** Representa a energia do jogo do amor. É a flor perfeita para dar no começo do relacionamento, ou para adolescentes, antes de qualquer compromisso sério.
- **Jasmim:** Pode ser usada para conquistar o coração da pessoa amada com classe, carisma, generosidade e ternura.
- **Lárix:** A flor desta árvore é uma expressão perfeita de audácia e conquista e inspira espontaneidade e comunicação honesta.
- **Lilás:** Expressa a necessidade, por parte de quem presenteia, de ser amado. Também representa ternura e a entrega do coração.
- **Lótus:** Representa o novo amor. Expressa a pureza da alma e é uma boa flor para usar na meditação, pois impede a entrada do falso orgulho.
- **Magnólia:** Símbolo de nobreza, a magnólia emana solidariedade e generosidade.
- **Margarida:** Esta flor é um símbolo de unidade. A estrutura da margarida – centro amarelo brilhante que lembra o sol e pétalas espalmadas ao redor – representa o corpo e o espírito em harmonia e a relação do terreno com o divino. Uma margarida é como um pequeno sol, simbolizando amor e a indestrutível força vital.

É também uma flor alegre, alto-astral, que não deixa entrar a tristeza. Se seu parceiro ou parceira estiver passando por um momento de crise pessoal, ou se estiver depressivo, dê a ele ou a ela um buquê de margaridas. A presença desta flor impregna o ambiente de um espírito de felicidade.

> ### *M*ARGARIDAS
> estão associadas ao amor. Imagine uma pessoa apaixonada, arrancando pétalas de uma margarida, murmurando: "Mal me quer, bem me quer..." As pétalas caem, uma após a outra, até chegarem à verdade que somente a incomparável ternura da margarida pode revelar.

- ♥ **Mimosa:** Esta é uma flor que nos liberta dos medos debilitantes da rejeição. Representa juventude e o encontro de um novo amor.
- ♥ **Miosótis ou não-te-esqueças-de-mim:** Expressa literalmente a mensagem no nome: "Não se esqueça de mim, sempre estarei ao seu lado, conte comigo". Representa o amor verdadeiro e lembranças felizes.
- ♥ **Murta:** Esta flor costuma ser usada em rituais de casamento.
- ♥ **Narciso:** Como o nome dá a entender, o narciso representa vaidade. Deve ser usado para conquistar o coração de pessoas um tanto egocêntricas.
- ♥ **Orquídea:** Está relacionada às emoções e provoca a descoberta de novas sensações por meio dos sentidos. Enriquece as emoções e a sensualidade, agraciando-nos com beleza e distinção.

> ### *A* HISTÓRIA DA ORQUÍDEA
> Segundo a lenda, numa manhã muito quente na costa de Java, uma deusa apareceu usando um xale delicado, com um aroma doce. Tranquilamente, ela andava pela floresta de sândalos, carvalhos, casta-

nheiras e magnólias, enquanto os raios de sol passavam suavemente por entre a copa das árvores, projetando luzes e sombras. Enquanto ela caminhava, o xale se prendeu num galho e ali ficou, enquanto as luzes e sombras dançavam sobre sua delicada superfície, até que ele se transformou numa linda e misteriosa flor: a orquídea, uma das flores mais delicadas e belas da natureza. A planta morreu quando os homens descuidadamente pisaram nela. Somente a boa vontade da deusa pôde fazer com que as sementes da flor pisoteada germinassem e florescessem, e desde então estas flores têm sido admiradas por todos que tiveram a sorte de tê-las.

- ♥ **Óxalis:** Simboliza felicidade e celebração. Também pode ser usada por pessoas que querem dar um passo adiante no relacionamento e não têm muita paciência para esperar que ele se desenvolva naturalmente.
- ♥ **Palmeiras em geral:** Representam sucesso e triunfo e indicam a necessidade de definir a relação.
- ♥ **Papoula:** Esta flor fala uma linguagem muito romântica, porque nos diz que nossos sonhos podem se tornar realidade. Também inspira sucesso e triunfo.
- ♥ **Pinheiro:** O pinheiro pode ser dado não só nas festas de fim de ano, como árvore de Natal, mas em qualquer ocasião especial – quando a pessoa deseja ser lembrada ou quer enterrar velhos ressentimentos.
- ♥ **Rosa, a rainha das flores:** A rosa ajuda as pessoas a abrir o coração, pois emana mais amor que qualquer outro sentimento. As rosas vermelhas sempre despertam paixão, seja qual for a situação. Num momento de crise, rosas amarelas não são recomendadas, mas vermelhas ou brancas podem ser dadas quando um dos parceiros desconfia que o outro está sendo infiel.
- ♥ **Samambaia:** Esta planta é um ótimo presente para dar a pessoas que trabalham demais e cuja atenção você quer chamar, inspirando confiança.

- ♥ **Trepadeira:** Pode ser usada para transmitir uma mensagem de compromisso. Simboliza unidade.
- ♥ **Tulipa:** A tulipa é uma flor muito usada para fazer declarações de amor, principalmente se for vermelha. Para pedidos de casamento, são recomendadas as tulipas brancas.
- ♥ **Verbena:** Irradia uma energia apaixonada e carismática. Evoca sentimentos fortes e claros e convicções firmes.
- ♥ **Violeta:** A pessoa que dá esta flor ganha a confiança de quem a recebe. A violeta tem uma vibração tão carregada de emoções que atrai e conquista o coração de qualquer pessoa que a ganhe. Dar violetas é como lançar um feitiço de amor.
- ♥ **Visco:** Esta planta era considerada sagrada na cultura druídica. É ideal para ajudar a superar qualquer problema em um relacionamento íntimo. É um convite para um beijo e um coração amoroso.

AS FLORES COMO INGREDIENTE CULINÁRIO

Pesquisadores que estudaram as primeiras bebidas alcoólicas descobriram que as misteriosas poções consideradas elixires mágicos pelos antigos egípcios eram, na verdade, maravilhosos licores feitos de maneira artesanal, muitos dos quais tinham flores como o principal ingrediente.

Os licores sempre foram o acompanhamento perfeito para uma excelente refeição. Uma pequena taça de um fino licor é o aperitivo ideal. Na Idade Média, eles eram preparados por químicos e alquimistas como remédios, poções de amor, afrodisíacos e panaceias. Há variados tipos de licor:

1. Feitos de uma única erva, que domina seu sabor e aroma.
2. Feitos de uma única fruta, com seu sabor e aroma.
3. Feitos de uma mistura de frutas, ervas e flores.

Há dois métodos básicos de produção artesanal de licor. O primeiro consiste em destilar todos os ingredientes ao mesmo tempo e depois adoçar a mistura e às vezes colori-la. O segundo método consiste em acrescentar ervas, frutas ou flores à base destilada. A base da bebida é feita de conhaque, que funciona como conservante, mantendo o sabor, a textura, o matiz e o aroma dos outros ingredientes.

Itens necessários para fazer licor em casa

Alguns destes itens são usados exclusivamente para fazer licor e você provavelmente terá de comprá-los, mas a maioria são coisas que você já tem na cozinha:

- ♥ panela grande, para preparar o xarope;
- ♥ conjunto de xícaras medidoras;
- ♥ vários potes de vidro herméticos, para fermentar;
- ♥ coador;
- ♥ filtros de pano e peneiras;
- ♥ colheres de pau;
- ♥ facas afiadas;
- ♥ liquidificador;
- ♥ processador de alimentos;
- ♥ rótulos;
- ♥ garrafas.

ℒicor do Dia dos Namorados

Esta é uma poção maravilhosa para os amantes que querem surpreender a pessoa amada no Dia dos Namorados.

INGREDIENTES

100 pétalas de rosas vermelhas
10 flores de jasmim
10 flores de laranjeira

½ fava de baunilha
3 ½ colheres (sopa) de groselha (pode ser substituída por cerejas sem caroço)
4 xícaras (chá) de conhaque
2 xícaras (chá) de açúcar
2 xícaras (chá) de água

PREPARO

Numa tigela grande, misture as pétalas de rosa, as flores de jasmim, as flores de laranjeira, a baunilha, a groselha e o conhaque. Coloque a mistura em potes, feche-os hermeticamente e deixe a bebida fermentar por um mês, chacoalhando de vez em quando. Após esse período, faça uma calda misturando o açúcar e a água numa panela e levando-a ao fogo baixo. Depois de dissolvido o açúcar, deixe a mistura ferver por cinco minutos. Desligue o fogo e deixe a calda esfriar. Depois que ela estiver fria, misture o conteúdo dos potes com a calda numa tigela grande, coe o líquido com uma peneira e engarrafe o licor resultante.

Cozinhando com flores

Além do vinho, as flores eram usadas como oferendas sagradas nos altares dos deuses do amor — Afrodite e Eros, entre outros — nas culturas antigas. Como decoração ou ingrediente de receitas, as flores emanam aromas, cores e sabores que despertam energias muito favoráveis ao amor. As flores despertam desejo, felicidade e vitalidade quando consumidas, e podem ser usadas como um meio eficaz para estimular o corpo e a alma. Mas tome cuidado, porque nem todas as flores são comestíveis.

Alguns modos de usar flores na cozinha

♥ Passe pétalas de rosa recém-cortadas numa frigideira sem óleo e depois salpique com açúcar.

- Pétalas de rosa podem ser usadas em saladas com frutas. Quanto mais forte o aroma, mais sabor as pétalas darão ao prato.
- Saladas com pétalas de crisântemo ou magnólia, ou flores de jasmim ou hibisco, são uma guarnição perfeita para acompanhar pratos com peixe ou pato.
- Flores de jasmim costumam ser usadas na Indonésia para acompanhar frango e outras aves.
- Folhas de hortelã, tomilho e cebolinha são um excelente tempero para peixes.
- Alguns tipos de manteiga são feitos usando jasmim, flor de laranjeira ou de limoeiro.
- Violetas combinam muito bem com endívias e podem ser usadas como recheio para tortilhas. Elas dão um sabor delicado ao prato e podem ser comidas frescas, secas ou cristalizadas.
- A flor da lavanda pode ser usada como guarnição com coelho, frango ou arroz, e serve também para fazer doces e sorvetes.
- A calêndula era muito apreciada por seu sabor nas antigas culturas da Índia, Grécia e Arábia. Suas pétalas e folhas, de sabor delicado, ligeiramente amargo, eram usadas em ensopados e bebidas.

Tortilhas de Flor de Abobrinha

Esta receita exótica remonta aos astecas. As flores de abobrinha, além de ser muito saborosas, possuem uma característica interessante – podem ser masculinas ou femininas. A flor fêmea pode ser fertilizada com a ajuda das abelhas, com o pólen extraído da flor macho da mesma planta. No México, estas tortilhas fazem muito sucesso, e se tornaram populares nos Estados Unidos também.

INGREDIENTES PARA QUATRO PORÇÕES

½ quilo de flores de abobrinha
1 colher (sopa) de óleo
½ pimenta serrano (pode ser substituída por malagueta)

2 pimentões picados
1 colher (chá) de cebola picada
Sal e pimenta-do-reino a gosto
60 g de queijo fresco picado
Tortilhas de milho ou de trigo

PREPARO

Limpe as flores de abobrinha e pique-as. Numa panela, misture o óleo, a pimenta serrano, os pimentões, a cebola, o sal e a pimenta-do-reino. Tampe a panela e cozinhe em fogo baixo. É importante que a mistura seja bem cozida. Desligue o fogo, acrescente o queijo e as flores de abobrinha. Espalhe a mistura sobre as tortilhas, dobre-as e cozinhe-as numa frigideira ou no forno. Sirva quente.

Passo 2

MANTENDO A DIETA DO AMOR

Parte 2

MANTENDO
A DIETA DO AMOR

7
A DIETA DOS ESPAÇOS CRIATIVOS: ABRINDO O QUARTO PARA OS SEGREDOS DO PRAZER SEXUAL

Sonho estar a sós com você, em nosso paraíso secreto, longe do resto do mundo. Uma paisagem magnífica nos cerca. A música que ouvimos é a canção de nossos corpos se aproximando neste lugar mágico, para além do sol.

MANTENHA ACESAS AS CHAMAS DA PAIXÃO

Em toda dieta, quando você chega ao peso ou à meta desejada, precisa começar um plano de manutenção. E a dieta do amor não é exceção – é preciso dedicar tempo e esforço para manter o que foi conquistado. No amor, o tempo é uma forma de nos relacionarmos com nosso parceiro, mas tempo é algo difícil de medir. Você precisa planejá-lo e medi-lo pessoalmente. Quando se trata de amor e sexo, o ambiente físico deve funcionar como um refúgio do resto do mundo, nosso paraíso particular na terra.

Para manter acesas as chamas da paixão, os casais precisam de mais do que apenas afeição em sua dieta do amor – precisam de constante atenção e criatividade. É importante que você invista tanta atenção, amor e dedicação no relacionamento sexual quanto o que investe na carreira, nos estudos ou na família.

Estejam vocês namorando há pouco tempo ou já casados há décadas, a vida a dois pode facilmente cair no marasmo, talvez devido a circunstâncias externas. Por causa das longas horas de trabalho, do excesso de estresse e cansaço, os casais não percebem como é vital para o bem-estar da relação encontrar tempo e espaço para se conectar sexualmente, de maneira profunda e plena.

Alguns casais descobrem que, por mais que ainda se amem, a paixão no relacionamento se apagou. Não fazem sexo com tanta frequência e, quando o fazem, é algo rotineiro. Aquela aula de ginástica no domingo de manhã se torna uma prioridade maior que um delicioso café da manhã juntos, na cama. Assistir à televisão parece mais importante que fazer uma caminhada romântica ao luar.

No COMEÇO DE 2005,

o canal de notícias norte-americano CNN relatou as seguintes estatísticas a respeito do sexo nos Estados Unidos:

- ♥ 57% dos norte-americanos admitem que já fizeram sexo ao ar livre ou em lugar público.
- ♥ 51% das pessoas entrevistadas dizem aos parceiros que fantasiam fazer amor em lugares incomuns.
- ♥ 70% dos homens pensam em fazer sexo exatamente no lugar em que estão pelo menos uma vez por dia, e ficam excitados em qualquer lugar.

- ♥ 34% das mulheres pensam em sexo todo dia e gostariam de fazer amor num lugar exótico, fora de casa.
- ♥ 83% dos homens e 59% das mulheres gostam muito de fazer sexo em lugares diferentes do costumeiro.
- ♥ 48% das mulheres já fingiram orgasmo ou fizeram sexo num lugar desconfortável para satisfazer o parceiro.
- ♥ 55% das pessoas entrevistadas descrevem a si mesmas como "tradicionais" no que se refere a sexo.
- ♥ 29% dos entrevistados gostariam de ser "mais ousados" sexualmente.
- ♥ 41% gostariam que o parceiro ou parceira fosse mais ousado.
- ♥ 66% já usaram um acessório erótico pelo menos uma vez.
- ♥ 30% já foram a algum lugar com o parceiro ou parceira para ver um filme pornô.
- ♥ 14% já fizeram sexo a três.
- ♥ 74% das pessoas que têm parceiro fixo fazem sexo pelo menos uma vez por semana.
- ♥ 33% das pessoas sem parceiro fixo fazem sexo pelo menos uma vez por semana.
- ♥ 8% dos casais fazem sexo todo dia.
- ♥ 0% dos solteiros fazem sexo todo dia.
- ♥ 3% dos entrevistados nunca fizeram sexo.

A média de idade para a primeira experiência sexual é de 17 anos para os homens e 18 para as mulheres.

A DIETA QUINTESSENCIAL DO ESPAÇO PARA O AMOR

Os mal-entendidos, conflitos e sentimentos de rejeição podem prejudicar o relacionamento com o passar do tempo, além de contribuir para a infidelidade. Esse processo pode levar o casal à separação. Por isso, é muito importante cultivar um ambiente agradável, dedicado a estimular o contato íntimo. Precisamos criar conscientemente um espaço erótico, seja ele físico ou imaginário. Se o relacionamento sexual do casal que vive junto há algum tempo precisa de uma abordagem criativa, qual é a solução?

O espaço desejado

Para cultivar um relacionamento duradouro, é importante estipular um local particular, claramente definido, como refúgio de amor. Um lugar onde, uma ou duas vezes por semana, ou mesmo só uma vez por mês, por algumas horas, o casal possa encontrar refúgio um no outro, longe de telefone, trabalho, filhos, outros membros da família e amigos.

Idealmente, este local particular e íntimo deve ser usado para praticar exercícios eróticos, como meditação tântrica, massagem erótica, explorar novos sentimentos e sensações, experimentar novas posições sexuais e acender um fogo sexual mais quente do que você jamais imaginou ser possível.

Um ritual de paixão

Uma vez por mês, se possível, o casal deve tentar se encontrar no mesmo lugar em que se apaixonou, ou recriar um espaço semelhante. Este ritual deve ser feito de maneira específica, criando um clima de aventura sexual. O ambiente vai estimular sua memória afetiva e gerar uma aura mágica, vencendo qualquer obstáculo externo ou crise que o relacionamento esteja enfrentando.

Escapadas românticas

No fim de semana, o casal pode escolher um destino romântico, tranquilo, para mergulhar na beleza da natureza, completamente desligados da rotina diária. Se você quer que a escapada ajude a comunicação e a reflexão, fortaleça os vínculos de intimidade, possibilite a participação dos dois numa atividade esportiva ou crie uma sensação de aventura para fortalecer a parceria e abri-los emocionalmente, vocês devem viajar para:

- ♥ locais de clima frio e seco;
- ♥ regiões de lagos;
- ♥ picos cobertos de neve;
- ♥ cordilheiras;
- ♥ vales desertos.

Se o objetivo da escapada romântica é melhorar a vida sexual e aumentar a criatividade, a espontaneidade, a honestidade e a jovialidade, além de ajudar os dois a entrar em contato com seus instintos e impulsos básicos, vocês podem ir a:

- ♥ lugares com ar puro e vento;
- ♥ florestas;
- ♥ campos;
- ♥ praias;
- ♥ rios.

Para uma viagem cheia de paixão, alegria, diversão e bate-papo, os melhores lugares são:

- ♥ o oceano, principalmente no verão;
- ♥ vales;
- ♥ lagos e grandes rios;
- ♥ *resorts* ou acampamentos com atividades organizadas.

O quarto sexy

O quarto é o cômodo mais importante da casa. O que podemos fazer para deixá-lo confortável, enchê-lo de energias positivas, fazer dele o coração do amor e da paixão? Este cômodo, o mais pessoal e íntimo, é o espaço onde repousamos, onde nos encontramos como casal, fortalecemos os vínculos de amor, criamos a vida em si e acordamos para um novo dia.

Para harmonizar nossas energias como casal e estimular o desejo, certos padrões energéticos podem enriquecer esse aspecto fundamental de todos os seres humanos.

DIREÇÃO

A energia que emana do sudoeste é associada ao amor. Para facilitar interações descomplicadas e prazerosas, os parceiros devem estar de frente para essa direção na hora de fazer amor.

ELEMENTOS ENERGÉTICOS E ASTROLOGIA CHINESA

- ♥ **Água:** É representada pela cor azul ou preta e corresponde ao rato, ao porco e ao boi na astrologia chinesa. Seus símbolos são as fontes e os aquários.
- ♥ **Madeira:** É representada pela cor verde e corresponde ao tigre, ao coelho e ao dragão.
- ♥ **Fogo:** É representado pela cor vermelha e corresponde à serpente, ao cavalo e ao carneiro. Seus símbolos são luzes brilhantes.
- ♥ **Metal:** É representado por dourado ou prateado e corresponde ao galo, ao macaco e ao cão.
- ♥ **Terra:** É representada por todos os tons de marrom e não corresponde a nenhum signo em particular, porém equilibra todos os elementos.

TERRA, O ELEMENTO DO AMOR

Os elementos da terra são carregados de estabilidade, segurança, devoção, harmonia em família, maternidade, energia do lar e precaução. Objetos que simbolizam este elemento são feitos de materiais da terra, como madeira e pedras. Coloque no quarto objetos de porcelana de frente para o sudoeste.

O ESPAÇO

O espaço deve conter algum objeto que estimule o romance. Pode ser uma planta com caules entrelaçados, uma bonita fotografia de vocês tirada num momento feliz ou uma pequena escultura de dois amantes abraçados, por exemplo.

- ♥ **Piso:** Quartos pequenos parecem maiores com piso de mármore ou cerâmica. E espaços grandes parecem mais limpos e elegantes com piso de madeira ou carpete. Pisos de madeira são muito bons no quarto, pois representam a madeira como elemento e evocam sentimentos de liberdade, sensualidade e ligação com a natureza. A madeira ajuda a infundir um espírito de constante mudança no relacionamento sexual.
- ♥ **Teto:** Tetos muito baixos parecem um pouco mais altos se o piso for de mármore. Com carpete no piso, o teto parece um pouco mais baixo.
- ♥ **A cama:** Não coloque nada debaixo da cama. Os objetos podem estar carregados de energias que perturbam o bom sono. A cama não deve estar diretamente de frente para a porta, pois a energia sexual pode rapidamente se dissipar por causa da sensação desconfortável de que alguém vai entrar, mesmo que a porta esteja fechada. É importante dormir com a cabeça voltada para o norte, para fortalecer a ligação sexual e o vínculo matrimonial do casal. Para criar um clima que desperte o desejo sexual de ambos os parceiros, o pé da cama não pode ficar de frente para a porta. Isso pode causar constantes brigas e discordâncias. A distância entre a cama e a janela deve ser grande o suficiente para evitar distrações e dar ao quarto uma sensação de amplitude. Quanto às cores, você pode usar uma colcha laranja para melhorar a vitalidade

física dos dois. Use vermelho para inspirar felicidade e paixão (mas não exagere – um relacionamento amoroso não pode se basear só em paixão). A cor água-marinha facilita a boa comunicação e a atividade sexual. O verde estimula a criatividade e a espontaneidade. Use cada cor de acordo com o resultado que você quer alcançar (veja o capítulo 5, "A dieta da cor"). Os lençóis e demais roupas de cama não devem ser feitos de materiais sintéticos, porque estes não são tão macios ao toque e podem causar alergias e outros problemas de saúde. Quanto mais natural o tecido, melhor. Lençóis de algodão ou de seda são os mais confortáveis. Você pode pôr na parede em frente à cama um quadro que simbolize o que o casal quer ter, ou uma imagem que emane amor, união e força. Pode ser a representação de uma deusa do amor de qualquer religião – por exemplo, Kuan Yin, a deusa chinesa da compaixão e do amor. No Japão, ela é chamada de Kannon e representa as mesmas energias. Ou pode ser a foto de uma flor, ou alguma outra obra de arte que simbolize a energia feminina em sua forma mais pura. Eu recomendaria qualquer imagem associada a Vênus, a deusa do amor.

ILUMINAÇÃO

A iluminação do quarto deve ser indireta, mas suficientemente clara. Sobre a cama, deve ser sutil. Você pode usar velas para inundar o ambiente de romance. Tente evitar a presença de aparelhos eletrônicos no quarto, porque eles podem provocar sentimentos de ansiedade. Se fizer questão de ter televisão no quarto, coloque-a em uma estante de madeira que tenha portas, assim poderá fechá-las na hora de dormir. No quarto, nosso último refúgio do mundo, o ideal é não ter computador, televisão ou aparelho de som.

COISAS QUE DIMINUEM A ENERGIA SEXUAL

Tente evitar um ambiente abarrotado, pois isso faz com que a energia do quarto fique estagnada, interrompendo o fluxo. Não leve comida ao quarto, a menos que queira usá-la no ato de amor. Se estiver doente e precisar comer na cama, peça que alguém retire a bandeja assim que você acabar. Os cheiros de alimentos tendem a enfraquecer o desejo sexual e a comunicação entre o casal.

COISAS QUE FORTALECEM A ENERGIA

Há várias coisas que você pode usar no quarto para gerar energia positiva, tais como plantas, cristais, mensageiros dos ventos e outros tipos de móbiles feitos de madeira ou metal.

- ♥ **Objetos:** A quantidade, forma, orientação, limpeza e posição dos móveis e de outros objetos no quarto exercem influência sobre o bem-estar geral do casal. Não abarrote o quarto de acessórios, fotos, mesas de canto e aparelhos. Eles ocupam espaço e oprimem o casal, provocando uma incômoda sensação de sufocamento, que exerce influência negativa sobre a intimidade e a sexualidade e provoca constante adiamento do ato sexual.
- ♥ **Armários impecáveis:** Limpe muito bem seus armários, tirando tudo que você não usa e que lhe traz lembranças negativas, principalmente se você for solteiro. Se quiser recomeçar do zero, "limpe" tudo, emocional e sexualmente. Um espaço físico limpo e esvaziado, com uma sensação minimalista, pode fazer milagres. É importante limpar o quarto regularmente para dissipar as energias de antigos conflitos, decepções, tristezas e ressentimentos, elevar a autoestima e respirar com alívio. Separe um espaço no armário para guardar anotações e papéis de trabalho, se necessário, para que não fiquem em cima da penteadeira ou do criado-mudo. Não devem ficar à vista objetos que façam você pensar nas obrigações do dia a dia, ou que causem qualquer perturbação. Se você não tiver espaço no armário, arrume uma caixa bonita ou um cesto com tampa e guarde ali o *laptop*, para que ele não esteja visível o tempo todo. Espelhos não são recomendados no quarto. Eles devem ficar pendurados na porta do armário, do lado de dentro, assim não serão vistos quando as portas estiverem fechadas.

♥ **Móveis:** Antes de começar a arrastar móveis pelo quarto, analise com cuidado seu relacionamento com cada um deles. Não troque os móveis de lugar só por trocar. Encontre o significado de cada objeto e cada lugar. Evite comprar móveis usados – é preferível fazê-los. Compre peças e monte seus móveis, ou adquira-os já montados. A energia irradiada por um móvel é muito pessoal e tende a se impregnar nos objetos do ambiente. Móveis agressivos – peças com bordas e quinas pontiagudas – tendem a provocar brigas constantes e egoísmo. Idealmente, todos os móveis do quarto devem ter bordas e quinas arredondadas.

---

*F*ERTILIDADE

Se você e a pessoa amada querem ter filhos, façam amor voltados para o norte ou nordeste. Se quiserem uma menina, fiquem de frente para o leste ou sudeste. Evitem fazer amor sobre superfícies de vidro ou metal. Sua união conjugal será mais fértil e prazerosa perto de elementos de água, madeira ou terra.

♥ **Portas:** Se o quarto tiver portas próximas uma da outra, é importante pendurar um pequeno quadro ou objeto na moldura, na altura dos olhos – um objeto que evoque amor, como uma pequena ilustração de amantes ou uma paisagem inspiradora. Se o quarto tiver duas portas e uma delas estiver obstruída ou abrir em direção a uma parede, pendure um espelho nessa parede, para que a energia possa penetrar o espaço parcialmente bloqueado entre ela e a porta.

♥ **Fontes:** O elemento água encoraja pensamentos profundos, aventura e liberdade, embora o excesso dela possa causar sentimentos de solidão. Coloque uma fonte de água no quarto ou perto da porta do quarto, para estimular a comunicação e o senso de liberdade e alegria em sua vida sexual. Nunca posicione a fonte do lado direito da porta ou atrás dela, pois isso estimula a infidelidade do parceiro ou parceira. O ideal é ter uma fonte à esquerda da cama, para aumentar o fluxo de emoções, amor e ternura.

> ## Feitiços de amor para o quarto
>
> Se seu relacionamento estiver sofrendo ataques de rumores externos e fofocas, ponha um pouco de sal numa xícara de porcelana e coloque-a na extremidade sudeste da cama. Deixe-a ali por uma semana, trocando o sal todos os dias.
>
> Para estimular o romance e a livre expressão dos instintos, coloque no quarto um vaso de vidro com flores frescas e coloridas, ou uma pequena e chamativa escultura de metal.
>
> Para tratar problemas de desejo sexual diminuído, use travesseiros de tons pastel (como rosa, pêssego ou bege) e lençóis de tons que inspirem frescor e suavidade, contrastados com um forte tom de laranja ou amarelo.

- ♥ **Tecidos:** Casais que estão juntos há bastante tempo e querem cultivar um clima calmo e relaxante no quarto podem usar poltronas estofadas com tecidos macios, como algodão e linho, em tons reconfortantes, como verde e azul, para inspirar criatividade. Lã e camurça e cores vivas, como laranja, vermelho e amarelo, criam uma atmosfera festiva, estimulando a vida sexual do casal.
- ♥ **Plantas:** Rosas simbolizam o amor; cravos são recomendados para boa sorte no amor; orquídeas representam fertilidade. A flor da framboesa inspira generosidade. (Veja o capítulo 6, "As flores do amor".)
- ♥ **Pedras:** As que favorecem a energia do amor são citrino, quartzo branco, quartzo brilhante, quartzo fumê, aventurina, quartzo rosa, esmeralda, jade, rodocrosita e turmalina verde, vermelha ou rosa. Coloque-as em pares no canto sudeste do quarto.

*P*ARA PROMOVER A FIDELIDADE

Coloque no quarto, em posições estratégicas, objetos que inspiram amor:

- ♥ Ponha doces numa pequena e atraente bomboneira de cristal com tampa.
- ♥ Uma bola de cristal multifacetada pode harmonizar as energias do casal.
- ♥ Tenha estatuetas ou obras de arte que representam pares de animais caracterizados por seu instinto de lealdade e monogamia – gansos, cavalos-marinhos, patos, pinguins. Imagens de dois pássaros ou de duas borboletas representam amor romântico e fidelidade.
- ♥ Coloque no quarto pares de objetos que representam seus interesses.

PLANEJE UM QUARTO EQUILIBRADO E HARMONIOSO

Se você for decorar seu quarto, é muito importante ter em mente todas as coisas que já discutimos aqui. Lembre-se de que a energia sexual é uma força que percebemos primeiramente por meio dos sentidos. Para aplicar com amor esse conceito ao nosso ambiente íntimo, precisamos examinar atentamente nossas próprias percepções.

Faça uma lista dos seguintes itens com o parceiro ou parceira, ou sozinho, se você for solteiro:

1. Suas três cores preferidas.
2. Suas três fragrâncias preferidas.
3. As três texturas que mais lhe agradam.
4. Suas três músicas preferidas.

Agora, escreva que lembranças específicas de coisas ou pessoas você associa a cada um desses itens. Os parceiros podem partilhar sua lista e conversar sobre ela, encontrando um meio de expressar os gostos dos dois no ambiente íntimo. Explorando os gostos e desgostos da pessoa amada, você vai poder se ligar a ela em um nível mais profundo e significativo.

Se você é solteiro, todos os elementos que incorporar em seu quarto devem estar associados a bem-estar, prazer e amor, para não repetir velhos padrões que podem resultar em tristeza.

Os lugares perfeitos para o amor

BANHEIRA

O banho de banheira é um clássico que nunca vai sair de moda. A combinação de cheiros agradáveis, o vapor que sobe da água e alguns sais aromáticos estimulantes podem produzir um acentuado estado de relaxamento, ideal para fazer amor. Esse banho encoraja o casal a passar todo o tempo do mundo explorando o corpo um do outro. Depois disso, uma ducha juntos pode proporcionar o fecho perfeito, permitindo um encontro mais energético.

LUGARES PÚBLICOS

Em determinado momento da vida, todos nós fantasiamos fazer amor num local público. O exibicionista que existe em cada um de nós deve ter permissão para sair e brincar, pelo menos um pouco. Para satisfazer esses impulsos, não há nada melhor que deixar a paixão correr solta numa rua escura, no terraço, no elevador ou na escadaria do prédio onde moram seus sogros. Apesar do risco de serem pegos, o gosto do perigo é incrivelmente sexy. Escadas são ótimas para o sexo oral, principalmente aquelas acarpetadas, para vocês ficarem mais confortáveis.

GRANDES ESPAÇOS ABERTOS

Fazer amor na praia, de frente para o oceano com as ondas quebrando, na beira de um lago ou nas montanhas é algo que você deve experimentar pelo menos uma vez, especialmente num local de água, como o mar, um lago ou rio. Quando você e o parceiro ou parceira forem planejar as próximas férias, levem isso em consideração. Vocês podem criar um parque de diversões particular para dois, em qualquer lugar inexplorado!

TERRITÓRIOS INEXPLORADOS NA PRÓPRIA CASA

Saiam da cama de vez em quando e façam amor num lugar inesperado, como na bancada da cozinha, sobre a mesa de jantar ou no quintal. O importante é não se acostumar com um local específico, porque esse tipo de rotina é muito ruim para a libido.

Lugares a ser evitados

O MITO DO EROTISMO NO CARRO

Um carro nada mais é que um cubículo de mais ou menos meio metro quadrado. Pode parecer excitante no primeiro encontro, mas na verdade ele é mais desconfortável que qualquer outro lugar. Pode ser suficiente quando não há outra opção, mas não é um ambiente particularmente inspirador para o sexo. Pode deixar seus cotovelos esfolados e fazer vocês baterem a cabeça – coisas que atrapalham a excitação.

ASSOALHO DE MADEIRA

Se vocês sentirem uma onda súbita de paixão que não pode ser ignorada, lembrem-se de que não é preciso liberá-la ali mesmo, no chão de madeira frio. As costas, as juntas e os joelhos nunca relaxam o suficiente neste tipo de superfície, e vocês podem sair decepcionados e machucados, na melhor das hipóteses. Coloquem ao menos alguns travesseiros no chão, para garantir um mínimo de conforto e prazer.

Espaço mental

Você não precisa estar no espaço físico ideal para que sua vida sexual entre em órbita. A imaginação pode criar uma variedade infinita de ambientes, muito mais confortáveis que qualquer local em que já estivemos e sem nenhuma regra de arquitetura a ser seguida.

Para aumentar a temperatura e acrescentar mais imaginação ao seu relacionamento, você só precisa do seguinte:

- ♥ Amar a si mesmo e se permitir o prazer necessário. Deixe que seu parceiro ou parceira saiba quais são suas necessidades também.
- ♥ Falar de suas fantasias um ao outro.
- ♥ Manter uma atitude positiva para compreender e superar as dificuldades do relacionamento.
- ♥ Dizer ao parceiro ou parceira as coisas que você aprecia e que lhe trazem excitação.
- ♥ Pedir ao parceiro ou parceira que lhe diga do que gosta e quais são suas fantasias.
- ♥ Usar a imaginação para inventar cenas de sedução.
- ♥ Mostrar ao parceiro ou parceira que você está a fim de brincar e se divertir com o sexo.
- ♥ Tentar superar seus medos de rejeição.
- ♥ Ter compaixão e tolerância com você e com os outros.
- ♥ Comprometer-se consigo mesmo e agir com decisão.
- ♥ Compreender os outros e seu parceiro ou parceira, desde que isso não limite sua liberdade pessoal.
- ♥ Amar primeiro a si mesmo, se quiser receber amor.

Sugestões

Para que sua vida seja sexy na realidade como é na imaginação, siga estas sugestões. Você logo ouvirá o amor bater à sua porta.

- ♥ Concentre-se em sentimentos positivos e desfrute-os.

- ♥ Não mergulhe em lembranças negativas. Quando elas lhe vierem à mente, não as incentive.
- ♥ Não subestime o relacionamento com seu parceiro ou parceira. Reserve um dia na semana para cuidar dele com atenção especial.
- ♥ A melhor maneira de se libertar das distrações mentais é reconhecê-las e depois deixá-las se dissipar. Por que não passar uma manhã na cama com a pessoa amada, curtindo a companhia um do outro, assistindo a um filme sexy? Ou viajar no fim de semana, só os dois, sem os filhos? Ou passar a noite fora de casa, num hotel?
- ♥ Dê asas à imaginação. Com uma música suave de fundo, feche os olhos e deixe que as imagens eróticas brinquem em sua mente. Fantasiar não significa que você precisa viver essas cenas na vida real. Elas podem funcionar estritamente como um poderoso afrodisíaco que você pode usar a qualquer momento, em qualquer lugar.
- ♥ Brincar é divertido, e só a verdadeira intimidade nos deixa brincar com diferentes fantasias, criando diferentes personalidades e personagens. Alguns casais gostam de brincar de médico, outros de professor e aluna etc.
- ♥ As brincadeiras eróticas em novos ambientes, fora do quarto, permitem que vocês se divirtam como casal – rindo, competindo, fazendo piadas. Tentem ir sempre a lugares novos.
- ♥ Usem afrodisíacos verbais. Expressões românticas, elogios e comentários provocantes deixam as mulheres muito excitadas. Vocês também podem inventar uma linguagem erótica, que seja excitante para os dois. (Veja o capítulo 9, "A dieta do desejo".)
- ♥ Os sons do amor – suspiros, gemidos e sussurros – são excitantes tanto para as mulheres quanto para os homens. E o ato de produzir esses sons eróticos pode ser, em si, um afrodisíaco.
- ♥ Alguns homens e mulheres gostam de falar "indecências". Se for o caso de seu relacionamento, não ignore isso. Use aquelas palavras que excitam você e seu parceiro ou parceira. (Veja o capítulo 9, "A dieta do desejo".)

8
A DIETA DA RAPIDINHA

A "rapidinha" é uma relação sexual rápida e espontânea, com um elemento-surpresa e alto grau de expressão criativa.

EM QUALQUER LUGAR, A QUALQUER HORA

Uma "rapidinha" nada tem a ver com ejaculação precoce, penetração apressada ou terminar tudo o mais rápido possível. Esse tipo de relação sexual é muito frustrante. Estamos falando, aqui, de se entregar a seus impulsos sexuais num frenesi de paixão. O sexo feito em lugares onde você pode ouvir os passos ou a conversa de outras pessoas pode ser tão ardente quanto uma serenata à luz de velas. As chaves do sucesso são surpresa, desejo e atitude positiva.

É melhor quando:

♥ Os dois parceiros sentem um desejo súbito ao mesmo tempo.
♥ Os dois estão muito excitados, mas num lugar semipúblico, onde não seria possível explicar uma ausência prolongada.

- ♥ Os dois trabalham demais e estão muito cansados para ter uma relação sexual completa, mas excitados o suficiente para o sexo.
- ♥ Os dois sentem necessidade de liberar a tensão.

A rapidinha será um sucesso nas seguintes condições:

- ♥ **Se for uma decisão mútua:** O casal deve estar de acordo, para que ambos tenham prazer.
- ♥ **Surpresa:** O elemento-surpresa é o segredo para o sexo rápido. Não planeje de antemão. Se você fizer isso, o momento não terá a mesma paixão.
- ♥ **Lugares:** Os melhores lugares para uma rapidinha são aqueles que fazem a adrenalina fluir, levando vocês a agir rápido e se concentrar ainda mais um no outro. Vocês podem experimentar no elevador, na praia, no avião, no trem, no carro, na academia, no escritório, na mesa da cozinha, no banheiro da casa de um amigo, num bosque, no balanço de um parque deserto, no cinema... As possibilidades são infinitas!
- ♥ **Discrição:** Embora vocês estejam cedendo à tentação, cuidado para que ninguém os flagre numa posição comprometedora. Façam as coisas de modo que consigam parar antes de ser pegos.
- ♥ **As roupas certas:** Vocês não precisam tirar toda a roupa para uma rapidinha – é até mais divertido quando algumas ficam. Nem precisam rasgar as roupas e arrancar botões para ter um encontro intenso.
- ♥ **A posição certa:** Se houver uma cadeira por perto, ótimo. Outra posição frequentemente usada na rapidinha é em pé, contra a parede. Você pode encontrar as melhores posições no capítulo 15, "A dieta do *Kama sutra* diário".
- ♥ **Senso de humor:** Às vezes, mesmo que sejamos tradicionalistas e conservadores em relação ao sexo, é divertido injetar um pouco de humor, fazer piadas e rir antes do ato. Uma dieta saudável de sorrisos pode fortalecer momentos de sensualidade e afeição.

Permitir-se seguir seus impulsos sexuais, entregar-se ao momento, relaxar e colocar senso de humor no sexo é muito saudável para sua vida sexual. Relaxe, ria com o parceiro ou parceira e divirta-se.

♥ **Sexo oral:** É altamente prazeroso para o casal fazer sexo oral antes de sair de casa. A mulher pode fazer sexo oral no homem debaixo da mesa do escritório ou no carro, durante o congestionamento. (Veja o capítulo 4, "A dieta da inteligência erótica".)

Não é necessário haver penetração na rapidinha. O mais importante é estimular a fantasia, a confiança e a amizade.

Encontre no amor seu espaço interior, no qual você se nutre; o alicerce de seu coração. Siga as receitas de *A dieta do amor* e seus relacionamentos serão incrivelmente prazerosos e gratificantes.

9

A DIETA DO DESEJO: RECEITAS PARA REACENDER AS CHAMAS DA PAIXÃO

"Quando sua paixão desapareceu?", perguntei a mim mesma várias vezes. "Toda noite, seu corpo se deita ao meu lado, ao meu alcance, mas não tenho vontade de tocá-lo. Para onde foi o desejo? Vivo na esperança de que exista um lugar mágico, escondido, para onde as emoções ardentes se recolham, e de onde possamos trazê-las de volta."

POR QUE ALGUMAS RECEITAS NÃO DÃO CERTO

Talvez você já tenha experimentado a dor de ver o apetite sexual do relacionamento se acabar. É o momento em que a ligação íntima desaparece completamente e o vínculo entre o casal começa a se deteriorar, embora ainda existam alguns fatores – respeito, confiança e lembranças mútuas – que ajudam a sustentar a relação por muito tempo.

Diante da devastadora evidência da paixão perdida, começamos a nos perguntar se realmente queremos o desejo de volta. Será que o esforço vale a pena? A frustração vem à tona quando nos convencemos de que o desejo nunca será recuperado.

Apesar de termos experimentado de tudo, contando com todos os recursos criativos para tentar restabelecer a ligação física, ao colocarmos as mãos no corpo da pessoa amada, a química sexual não acontece mais. Tentamos colocar nossas fantasias em prática, mas elas parecem não funcionar. E, por mais que tentemos forçar nosso corpo a ficar excitado pela pessoa que antes nos enlouquecia, nosso desejo desapareceu.

A maior parte dos casais que se queixam de falta de desejo sexual é assombrada por dois fantasmas poderosos: rotina e hábito. Para manter o sentimento de que ainda são atraentes para o parceiro ou a parceira, algumas pessoas travam uma verdadeira batalha contra as rugas e os inevitáveis efeitos do tempo. Outras tentam manter a vida sexual ativa usando diferentes estratégias na cama, recorrendo a meios artificiais que não resolvem o problema, só o varrem para debaixo do tapete, impedindo o casal de enxergar a realidade.

Atitudes negativas que bloqueiam a energia sexual
- ♥ Medo da rotina, quando o relacionamento é firme.
- ♥ Inabilidade de perdoar conflitos passados.
- ♥ Raiva reprimida do parceiro ou parceira.
- ♥ Frustração pessoal, projetada no relacionamento.
- ♥ Medo de ter prazer, de ser amado e se sentir seguro no relacionamento.
- ♥ Interpretar outro problema como rejeição sexual.
- ♥ Constantes brigas que mascaram a falta de desejo.
- ♥ Não respeitar as decisões do parceiro ou parceira.
- ♥ Expectativas irrealistas – esperamos demais do parceiro ou parceira, exigimos demais sem motivo.

- Medo de magoar. Às vezes, a comunicação e o desejo sexual diminuem por medo de ferir a pessoa amada ou de ser ferido, por causa de equívocos nunca esclarecidos.
- Desejo de mudar o parceiro ou parceira. Esse é um dos problemas mais comuns nos relacionamentos, e um dos mais difíceis de resolver. Se quisermos fazer uma mudança positiva, é melhor começar com nós mesmos.
- Falta de atenção a detalhes e às pequenas expressões de amor – coisas como uma fala doce, pequenas demonstrações de afeição, carinhos etc.

Soluções e receitas práticas para superar a falta de desejo

- **Pare de querer estar sempre certo.** A necessidade de dizer ao outro que ele está errado o tempo todo, ou a necessidade de estar sempre certo, pode ser um erro fatal que a outra pessoa talvez nunca perdoe.
- **Faça uma parceria de iguais.** Num relacionamento maduro, nenhum dos parceiros tem de se sentir certo ou errado. Não existe um jeito certo de pensar. Cada um tem direito ao próprio ponto de vista.
- **Dê espaço à pessoa amada.** Quando você ama uma pessoa pelo que ela é ou porque ela lhe satisfaz, e não pelo que você gostaria que ela fosse, naturalmente dá a ela o espaço necessário. Ambos os parceiros têm o direito de ser quem são e de dedicar algum tempo aos próprios interesses.
- **Aceite a pessoa amada como ela é.** Você não precisa entender exatamente por que ela pensa ou age de determinada maneira. Mas precisa ser capaz de dizer: "Eu não entendo, mas aceito e confio em sua decisão".
- **Pare de perguntar por quê.** Numa parceria, você precisa superar a necessidade de entender por que os outros gostam de determi-

nados programas de televisão, por que dormem em determinado horário, por que comem o que comem, leem o que leem, gostam de certas pessoas ou filmes ou qualquer outra coisa. Ter um parceiro não é como ter um irmão siamês, idêntico em todos os aspectos. É preciso respeitar a individualidade da pessoa e sua história de vida.

♥ **Abra mão do orgulho e da postura defensiva.** Isso pode matar o desejo do casal num piscar de olhos. Você não precisa defender seus motivos para fazer as coisas. Não precisa de permissão, e sim de comunicação e de uma explicação amistosa de suas necessidades, sem usar mecanismos de defesa prevendo um ataque. Frequentemente nos defendemos antes mesmo de o parceiro ou parceira dizer alguma coisa, achando que vamos nos meter em encrenca, como criancinhas que fizeram algo errado.

10
LIBERANDO A PAIXÃO SEXUAL

A arte de fazer amor pode transformar a energia sexual, conectando-nos com a parte mais sagrada de nossa alma.

QUANDO O DESEJO DÓI

O perdão e a afeição são dois fatores que devem ser levados em conta quando o casal está disposto a fazer um esforço para corrigir o problema da diminuição do desejo. Para recuperar a química sexual e deixar o relacionamento tão apaixonado como antes, vocês precisam reconhecer quais das atitudes descritas anteriormente foram fatores que contribuíram para enfraquecer o desejo.

Passo 1

Relaxe, respire fundo e reveja mentalmente aqueles momentos específicos em que você ficou com raiva de si mesmo ou do outro.

Passo 2

Identifique seus "pontos sensíveis". São aquelas coisas enlouquecedoras, que provocam uma reação intensa, mais forte que a normal. Identifique seus pensamentos automáticos ou condicionados, aqueles que brotam do nada e fazem você reagir sem uma razão clara. Por definição, pensamentos automáticos são involuntários – simplesmente aparecem na mente. Não são pensamentos refletidos nem produto de análise ou raciocínio lógico. São reações instintivas a situações inesperadas. De modo geral, pensamentos automáticos são diálogos internos, produto do medo, da falta de confiança, da baixa autoestima e da sensação de culpa. Essas reações são aprendidas na infância, como uma resposta instantânea a determinadas atitudes e crenças. Costumam vir da família, da escola e de outras influências sociais, durante um período de crescimento no qual o indivíduo ainda não desenvolveu totalmente a capacidade de análise racional. O indivíduo assimila esses pensamentos, aceitando-os como seus, e eles se acumulam na memória, "esperando" ser desencadeados por situações carregadas de emoções pesadas. Nesse momento, quando a pessoa não se sente capaz de resolver ou lidar com uma situação, os pensamentos são disparados, como uma arma acidentalmente acionada.

O primeiro passo para mudar essa atitude mental é se tornar consciente desses pensamentos automáticos. Sempre que você estiver numa situação que o faça se sentir desconfortável, preste atenção no seguinte:

- ♥ O que você diz a si mesmo. Quanto mais intensa a emoção, mais claro (e fácil de detectar) será o pensamento automático.
- ♥ Imagens mentais. Se você se imaginar numa situação humilhante, por exemplo, é muito provável que sinta vergonha. E isso bloqueia o desejo sexual.
- ♥ Seu diálogo interno. Quando conversa consigo mesmo mentalmente, por exemplo, você se critica, se xinga e se força a reprimir

alguma coisa? Lembre-se de que tudo isso é importante, porque talvez você esteja repetindo esse tipo de comportamento mental de maneira subconsciente, sem perceber suas emoções negativas e sua autocrítica.

Passo 3

Este exercício ficará mais fácil com a prática, e você desenvolverá uma consciência acentuada de seus mecanismos internos. Assim, será capaz de modificar suas atitudes no relacionamento consigo mesmo e com a outra pessoa. Algumas lembranças da infância poderão vir à tona, talvez de eventos dos quais você não se lembrava mais em nível consciente.

Tente entender a motivação. Pergunte-se por que você traz para si esses sentimentos negativos ou pensamentos automáticos. Você também pode seguir a dieta do relaxamento, explicada no capítulo 19. O exercício de relaxamento vai ajudar você a se compreender melhor.

Por fim, após desenvolver uma percepção consciente de seus processos de pensamento, você deve se perdoar. O modo mais fácil de fazer isso é escrever num caderno:

"Eu me perdoo. Tentarei perceber minhas respostas automáticas."

"Eu me permito ter prazer sem culpa. Mereço ser feliz e fazer felizes aqueles que amo."

Passo 4

Você pode escrever essas afirmações sempre que surgirem sentimentos negativos ou reações contrárias ao prazer. É importante reservar algum tempo para repeti-las mentalmente.

Passo 5

Faça uma lista das pessoas que você precisa perdoar. O perdão, assim como o amor, aumenta a vitalidade e a satisfação pessoal. Tome coragem e faça o teste. Você não tem nada a perder, e um futuro maravilhoso a ganhar!

A IMPORTÂNCIA DA INTIMIDADE

A maioria das pessoas não consegue falar da própria sexualidade sem ficar envergonhada. Poucas pessoas se referem aos próprios órgãos genitais em conversas sem se sentir constrangidas. Algumas não conseguem sequer tocar o próprio corpo quando estão sozinhas ou ver outra pessoa nua sem experimentar sentimentos de culpa ou ansiedade.

Intimidade, bom humor e amor devem ser recíprocos entre os parceiros, para que ambos se expressem livremente por meio do corpo, demonstrando seus sentimentos. Mas, quando a pessoa rejeita a própria sexualidade, o corpo e as emoções, temendo que o parceiro ou parceira não aceite seu eu mais íntimo, ela sente medo, angústia ou ansiedade no momento de fazer contato físico com o outro. É acometida de sentimentos de autocrítica e de culpa diante da própria sexualidade. Cria-se então uma muralha, uma distância, e é quando ocorre a impotência sexual ou emocional.

As expressões de afeição diminuem. O corpo nos dá o potencial para experimentar altos níveis de prazer, mas esse potencial pode ser bloqueado pelos numerosos fatores já mencionados, bem como por outros elementos que ainda não foram descobertos, apesar de todo o progresso científico e social feito nos últimos anos. Nesta seção, aprenderemos a desbloquear nossa sensualidade natural.

As duas faces da sexualidade

Se uma pessoa se sente muita inibida ou bloqueada para explorar o próprio corpo e suas respostas ao prazer, isso pode causar impotência ou ausência de satisfação no relacionamento íntimo do casal. Se a situação negativa persistir, ela pode se sentir frustrada ou com medo de ter uma relação sexual com o parceiro ou parceira.

A seguir, você verá duas situações da vida real. Ambas apresentam um casal prestes a fazer amor. Como diferem os dois cenários? No primeiro, predominam a rotina, a falta de desejo e a exaustão. No segundo, algumas mudanças põem o casal no caminho da afeição e da satisfação sexual. Você tem coragem de seguir o exemplo?

CENA 1: NÃO TENHO SATISFAÇÃO

Um casal está na cama. Ela parece perturbada com alguma coisa e tenta conversar.

– Nós nunca temos uma conversa franca sobre nossos sentimentos.
– É verdade – ele concorda. – Sempre que tento falar de alguma coisa séria, você muda de assunto.
– Por que não paramos de jogar a culpa um no outro e tentamos conversar? – ela sugere.
– Tudo bem. Quero lhe dizer que eu amo você, mas ultimamente não tenho sentido desejo sexual – ele explica.
– Deve ser porque você está estressado.
– Pois é, mas você sempre espera que eu dê o primeiro passo, e estou mesmo muito cansado.
– Não entendo. O que você quer dizer? – ela pergunta.
– É simples: eu quero que você me seduza – ele responde.
– Mas eu quero isso também – ela insiste.
– É uma série de coisas que acabam se acumulando, meu bem. Talvez precisemos de algo novo.
– Não quero saber desses brinquedos eróticos – ela diz.
– Tudo bem, enfim... vou dormir.

O homem vira de lado. Ela começa a acariciá-lo, seduzi-lo. Ele é receptivo aos gestos da mulher e começa a tocá-la. Mas de repente ela diz:

– Vou dormir também – e, irritada, afasta a mão.

Quantas vezes essa cena aconteceu no seu relacionamento? O que podemos fazer para acabar com esse comportamento nada sexy?

ENTREATO: SUGESTÕES PARA MUDAR DE RUMO
- ♥ Crie um ambiente especial antes de fazer amor, mesmo que seja apenas uma vez por semana.
- ♥ Ponha uma música de que o parceiro ou parceira goste.
- ♥ Acenda um incenso ou velas aromáticas.
- ♥ Acenda velas da cor que você considera mais romântica.
- ♥ Presenteie o parceiro ou parceira com um objeto que sirva de lembrança do seu amor.
- ♥ Pense num assunto interessante e construtivo como tema de conversa para partilhar com a pessoa amada.
- ♥ Encontrem maneiras de ajudar um ao outro nas atividades e tarefas cotidianas.
- ♥ Ligue para o parceiro ou parceira uma vez por dia para dizer: "Estou com saudade".
- ♥ Elogie a pessoa frequentemente na frente dos outros. Isso elevará a autoestima dela.
- ♥ Se possível, assistam juntos a um vídeo instrutivo de sexo. Vocês também podem assistir a filmes de sexo explícito, com um enredo mais atrevido que o vídeo instrutivo.
- ♥ Fale abertamente de suas fantasias secretas e escute as de seu parceiro ou parceira.
- ♥ Os homens precisam se lembrar de que as flores são um presente mágico. As mulheres devem ter em mente que um jantar romântico bem preparado com uma boa garrafa de vinho ou champanhe agradam qualquer homem.

CENA 2: O CAMINHO PARA O SUCESSO

O mesmo casal está num jantar romântico.

— Querida, estamos comemorando alguma coisa? Você está linda, e o jantar está delicioso — ele diz.

— Eu amo você e quero conquistar seu coração todos os dias. É por isso que fiquei bonita para você.

– Quero que você me fale de todas as suas fantasias – ele diz, com ternura.

– Você é minha fantasia realizada. Obrigada por trazer minhas flores favoritas – ela responde.

– Eu adoro fazer você feliz. O que você quer que eu faça amanhã? É bom ter uma novidade a cada dia.

– Nada, meu amor. Seu sorriso quando você diz "bom dia", ou quando me telefona só para dizer "eu te amo", já basta – a mulher responde.

– Certo, então agora eu sei que lhe dar alguma coisa é fácil e econômico.

Eles sorriem, felizes e satisfeitos um com o outro.

Como você pode ver nesse exemplo, o segredo do sucesso no amor é trabalhar o relacionamento todos os dias, começando sempre do zero, deixando os conflitos e os maus momentos para trás.

Quando meu marido e eu passamos por momentos de grande estresse por causa do trabalho ou de outras circunstâncias, gostamos de tirar "férias virtuais" por uma semana. O que é isso, afinal? Férias virtuais consistem em:

- ♥ Não criticar nem fazer comentários negativos.
- ♥ Não reagir de forma defensiva. Nós nos concentramos em construir um espírito de companheirismo, acentuando os pontos positivos, trazendo à tona a natureza afetiva e sensual do outro.

Essa semana pode ser estendida, só depende de nós. Manter a chama do amor acesa é uma tarefa deliciosa. Lembre-se sempre de que, assim como quando você segue uma dieta, no amor também é preciso renovar o compromisso a cada dia e se exercitar com convicção, entusiasmo, força e disciplina.

11
A DIETA DO PRESENTE

Receber é o dom de dar.
Dar é o dom da alma.
É a mesma coisa.
É abrir a palma da mão
Enquanto se abre o coração.

O PODER DOS PRESENTES

Costumamos esquecer como um presente pode ser importante e significativo para outra pessoa. Dar um presente pode ser visto como um comportamento social ou uma ação realizada para beneficiar outra pessoa. Essencialmente, ele nos faz lembrar da pessoa que nos presenteou, e transferimos para ele os sentimentos que nutrimos por ela, criando um novo diálogo tanto com o objeto simbólico quanto com a pessoa.

Um presente pode transmitir mensagens como:

- ♥ Eu amo você.
- ♥ Quero que você me ame.
- ♥ Respeito você.
- ♥ Desejo você. Quero fazer amor com você.
- ♥ Quero que você me aceite como sou.
- ♥ Obrigado.
- ♥ Não me esqueci de você.
- ♥ Quero que você pense em mim.

Sem dúvida, algumas datas especiais, como o Dia dos Namorados, Dia das Mães ou dos Pais, Natal, aniversários e casamentos, são ocasiões que já viraram sinônimo de presentes. Mas, no contexto de um relacionamento com problemas, um presente pode melhorar muito a situação. Por exemplo, o presente pode:

- ♥ Ajudar a melhorar o relacionamento com os outros.
- ♥ Expressar sentimentos de empatia ou afeição pela pessoa que recebe.
- ♥ Mostrar o desejo de afirmar nosso relacionamento com a pessoa.
- ♥ Demonstrar o esforço para satisfazer as necessidades do outro.
- ♥ Representar a tentativa de satisfazer uma necessidade material da outra pessoa.
- ♥ Evocar reciprocidade.
- ♥ Ser uma agradável surpresa e fonte de conforto.

No momento de dar um presente, lembre-se: Não pense no que *você* gostaria de ganhar, e sim no que a outra pessoa realmente adoraria.

Ideias de presentes

Algumas coisas nesta lista podem servir a um propósito prático, como acender o desejo sexual, e se tornar símbolos da afeição que você sente por seu parceiro ou parceira:

- ♥ acessórios;
- ♥ joias;
- ♥ plantas;
- ♥ um conjunto de chá;
- ♥ um carro;
- ♥ uma casa;
- ♥ livros (*A dieta do amor*, por exemplo!);
- ♥ uma viagem;
- ♥ um computador;
- ♥ uma agenda convencional ou eletrônica;
- ♥ cartões;
- ♥ flores;
- ♥ velas ou castiçais;
- ♥ vinho ou champanhe;
- ♥ perfumes;
- ♥ um animal de estimação – mas tenha certeza de que a pessoa realmente quer ter um animal;
- ♥ chocolate;
- ♥ um porta-retratos com uma foto especial;
- ♥ uma câmera fotográfica;
- ♥ um jantar especial;
- ♥ brinquedos – mesmo para adultos, pode ser legal ganhar presentes nostálgicos, como um ursinho de pelúcia ou um carrinho;
- ♥ um porta-joias ou outro objeto decorativo;
- ♥ um quadro;
- ♥ um poema;
- ♥ um filme ou o disco da banda favorita da pessoa;
- ♥ um *e-mail* especial;
- ♥ uma carta de amor apaixonada.

Há muitos vales-presente que você pode adquirir em lojas e que podem ser usados para comprar livros ou discos, pagar um jantar num restaurante, tratamentos em *spas* etc.

Se alguém nos envia um cartão durante as férias, nos sentimos obrigados a retribuir. Se um amigo nos dá um presente de aniversário, pensamos em retribuir o gesto no aniversário dele. Se um casal nos convida para ir à casa deles, quando nos despedimos, os convidamos para a nossa. O mesmo acontece no relacionamento – o presente convida à reciprocidade, nos faz pensar na pessoa amada e pode quebrar um padrão de desinteresse, porque uma vez ou outra todos nós precisamos de uma demonstração clara de apreço. Em algum lugar no coração, ainda somos crianças, esperando e desejando aquele presente especial no nosso aniversário.

12
CONFISSÕES SECRETAS DAS ZONAS ERÓGENAS

Quando a terra toca o céu
Quando fogo e água se tornam um
E todos os milagres do mundo ganham vida,
Nada se compara ao instante em que
um homem se une a uma mulher.
Só a união do masculino ao feminino pode dar
origem ao universo, através de sua magnífica semente.

MENSAGENS ERÓTICAS

Como devemos interpretar a linguagem do corpo? Existem mensagens eróticas subliminares? Enquanto a literatura feminista recente lamenta a insatisfação sexual das mulheres, estudos psicológicos proclamam o órgão masculino como o ponto focal da sexualidade. Será que homens e

> mulheres podem se reconciliar e transcender suas diferenças físicas e sexuais?

Estamos evoluindo como sociedade, e esse processo traz mudanças em modas, ideias e atitudes. Todas as manifestações de mudança têm algo em comum: a ligação do casal. Atualmente, novas formas de expressão emergem para definir e manifestar impulsos, emoções, pensamentos e ideias acerca da sexualidade. Apesar das semelhanças e diferenças entre os sexos, algumas limitações de gênero persistem. Será que os seres humanos podem transcender suas histórias pessoais e compreender plenamente as amplas variações de sensação que cada indivíduo experimenta em seus relacionamentos sexuais?

Imagine que as zonas erógenas de seu parceiro ou parceira estejam dialogando com as suas. O que elas diriam? Do que precisam? O que estão escondendo?

Sugiro que você faça o seguinte: Abra a tela virtual de sua imaginação, usando o programa de animação em seu interior. Aperte a tecla "ternura" e pratique o exercício apresentado a seguir com a pessoa amada, ainda hoje. Não fique envergonhado. Use o exercício como um divertido "jogo da verdade", que ajudará vocês dois a se amarem com a mesma paixão que sentiram da primeira vez, quando ainda estavam se descobrindo.

Confissões de uma mulher

Que confissões uma mulher ousaria fazer a um homem, do ponto de vista de sua parte mais íntima?

- ♥ Quero sentir um prazer fantástico.
- ♥ Quero que você me surpreenda.
- ♥ Preciso de um toque mais profundo, especial.
- ♥ Eu lhe darei toda a minha energia e me abrirei para o seu mundo.

- ♥ Espero que você entenda meus sentimentos sem me julgar, diferente de alguns homens que conheci, ou de minha mãe ou minha avó.
- ♥ Espero que você respeite meu ritmo. Ele está sempre mudando, e às vezes é mais lento.
- ♥ Preciso que você me conheça em todas as minhas diferentes dimensões.
- ♥ Todos os aromas e fluidos que emanam de mim representam meu amor, querendo se misturar aos seus.
- ♥ Sinto muito por não ter conseguido me abrir mais ao seu desejo hoje. Fiz o que pude, mas não senti o seu poder como da última vez. Desculpe-me.

Essas são apenas algumas das muitas coisas que uma vagina metafórica diria.

Confissões de um homem

O que você acha que as zonas mais erógenas de um homem diriam às de uma mulher?

- ♥ Quero lhe dar toda a minha força, para que você sempre sinta algo diferente dentro de si.
- ♥ Tenho medo de que, sempre que eu a penetro, você compare minha virilidade com a de outro homem e eu esteja perdendo você.
- ♥ Fico tão ansioso para possuí-la que me perco dentro de você e não consigo lhe dar o que você quer.
- ♥ É difícil para mim – sempre que você abre as pernas e me oferece seu santuário, eu reprimo meus impulsos e me sinto frustrado.
- ♥ Por que você não reconhece meu poder? Por que não me deixa entrar?
- ♥ Senti hoje que consegui satisfazer seus desejos, e vi estrelas dançando em seus olhos.

♥ Quero explodir dentro de você até morrer.

Os homens guardam os segredos de suas zonas erógenas dentro do corpo e da mente, assim como as mulheres.

A linguagem do corpo é sutil, mas também pode ser clara, direta e tão óbvia que não a registramos. Quantas confissões deliciosas deixamos de expressar todos os dias? Como seriam diferentes as cartas entre um homem e uma mulher, se fossem escritas pelo corpo e não pela mente! Para entender o potencial pleno da experiência humana, é importante expandir nossos limites internos, nos colocar nus diante da pessoa amada e fazer amor com o corpo e a alma.

Agora, a pergunta é: Você vai liberar e explorar a linguagem de seu desejo à sua maneira de agora em diante? Isso cabe a você, e a resposta é sua verdade sagrada.

13

A DIETA DA FALA SEXY

Enquanto eu sussurrava em seu ouvido: "Quero fazer amor com você"
Entre suspiros, uma palavra escapou, e comecei um novo jogo.
Tornando o prazer ainda mais doce, criamos juntos um novo verbo.
Plantamos as sementes de uma linguagem sensual,
com penetração e paixão.
Eram novos códigos secretos, que se formaram a partir de nosso fogo.

PALAVRAS SENSUAIS

A língua é algo dinâmico e em constante evolução. Em todas as áreas da vida, as pessoas têm diferentes modos de expressão, e essas formas de comunicação mudam, entrando ou saindo de moda de acordo com a idade das pessoas e as tendências do momento. O mesmo ocorre com nossa vida sexual, e as possibilidades são infinitas. O vocabulário da expressão sexual está sempre crescendo, e dia após dia surgem novos termos que não estão no dicionário. Eles acabam entrando no léxico popular literalmente no boca a boca.

Algumas dessas palavras novas vêm do inglês, outras do latim, e alguns termos simplesmente surgem da imaginação picante de eternos amantes. Pegue papel e caneta, tome note, pratique e aprenda. Quando estiver no momento mais quente da transa, você poderá usar os termos seguintes, de brincadeira ou como forma de alimentar suas fantasias.

Um glossário de palavras sensuais

- ♥ *À la* **napolitana:** Brincadeira de sexo anal em que a mulher estimula o homem com brinquedos sexuais, os dedos ou qualquer outro objeto criativo.
- ♥ *Amrita*: Significa néctar dos deuses e pode se referir ao fluido orgástico da mulher.
- ♥ **Banana doce:** Refere-se ao sêmen quando o homem ejacula.
- ♥ **Beijo-chave:** Quando as línguas dos amantes se encontram e abrem a porta do amor.
- ♥ **Beijo francês:** Beijo profundo, com a boca aberta.
- ♥ *Bondage*: Um tipo de jogo sadomasoquista no qual um dos parceiros amarra o outro e o estimula com a intenção de fazê-lo chegar ao orgasmo.
- ♥ *Brazilian wax* **(depilação à brasileira):** Depilação que tira todos os pelos das áreas genitais da mulher, para que ela fique totalmente nua e exposta, como um bebê.
- ♥ **Brincadeira de dedo:** Uso dos dedos para aumentar a estimulação erótica. Muitas mulheres usam os dedos para estimular o ânus do parceiro.
- ♥ **Brinquedos de amor:** Brinquedos e acessórios sexuais.
- ♥ **Cereja:** Mulher virgem ou que tem muito pouca experiência sexual.
- ♥ **Chuva dourada:** Prática em que a pessoa tem prazer sexual quando urinam nela.

- ♥ **Coitus reservatus:** Coito prolongado no qual a ejaculação (mas não o orgasmo) é intencionalmente suprimida.
- ♥ **Espanhola:** Quando a mulher masturba o homem entre seus seios.
- ♥ **Hardcore:** Sexo forte, sem limites.
- ♥ **Havaiana:** Passar as pontas dos dedos por todo o corpo do parceiro, usando aromaterapia e terminando com masturbação.
- ♥ **Hentai (ou jentai):** Significa "pervertido" em japonês e se refere a práticas sexuais incomuns, materiais pornográficos que as representam e pessoas que as praticam.
- ♥ **Japonesa:** Sexo no chão ou sobre travesseiros, em diversas posições agachadas.
- ♥ **Lingam:** Em vez de se referir ao pênis em termos explícitos, você pode usar esta palavra tântrica.
- ♥ **Lolita:** Mulher atraente perfeitamente consciente de seus encantos físicos e que explora sua sensualidade ao máximo.
- ♥ **Ménage à trois:** A fantasia ou a realidade de três pessoas fazendo amor juntas.
- ♥ **Metrossexual:** Um certo tipo de homem heterossexual que cuida do corpo, não tem medo de demonstrar seus sentimentos e tem contato com seu lado feminino.
- ♥ **Petite mort:** Significa literalmente "pequena morte" em francês. É um estado pós-orgástico no qual a mulher perde momentaneamente os sentidos, um estado de máximo clímax.
- ♥ **Russa:** Massagem na base do pênis, com o intuito de atrasar a ejaculação.
- ♥ **Safo:** Homossexualidade feminina. O termo deriva da poetisa Safo, que viveu na ilha de Lesbos, no mar Egeu. Diz-se que ela praticava sexo com suas discípulas.
- ♥ **Sky dancing (dança no céu):** Termo usado para descrever uma experiência sexual transcendental, em que os amantes "superam suas diferenças e dançam juntos no espaço cósmico". Isso é um desafio.
- ♥ **Spanking ou espancamento erótico:** Dar tapas no parceiro ou parceira, geralmente nas nádegas, para o prazer de ambas as pessoas ou de uma delas.

- ♥ **Striptease:** Jogo de tirar as roupas.
- ♥ **Swinger:** Termo internacional que identifica pessoas – grupos, indivíduos ou casais – que gostam de trocar de parceiros.
- ♥ **Tailandesa:** Massagem usando os seios por todo o corpo do parceiro.
- ♥ **Yab-yum:** Posição na qual ambos os parceiros ficam sentados, a mulher em cima do homem.
- ♥ **Yoni:** Palavra em sânscrito que significa vagina.

Use todas essas palavras com seu parceiro ou parceira para colocar tempero em sua vida sexual agora mesmo.

Outro instrumento para despertar o desejo é fazer sexo por telefone ou sexo virtual, por *e-mail* ou mensagens instantâneas. Para isso você também pode usar o glossário picante.

UMA RECEITA PARA SEXO POR TELEFONE OU VIRTUAL

Quando você quiser atiçar as chamas da paixão com seu ou sua amante, um bom exercício é explorar suas fantasias sem estar fisicamente juntos. O sexo por telefone e o sexo virtual podem servir para superar as inibições. Como você não terá os olhos do outro em você, talvez se sinta livre para dizer coisas que acharia difícil de expressar cara a cara.

Conversas por telefone ou pelo computador criam um clima de amor proibido, uma fantasia que sempre acende e estimula a paixão. Para fazer sexo por telefone ou virtual, siga estas sugestões:

1. Encontre um lugar no qual você possa ficar sozinho, sem interrupções, e onde ninguém ouça a conversa.
2. Se fizer sexo virtual usando o computador do trabalho, é importante guardar o conteúdo da conversa num lugar que ninguém possa descobrir.

3. Salve as mensagens eróticas no computador (somente no de casa), num CD ou *pen drive*, para poder lê-las novamente mais tarde, caso precise de um pouco de imaginação sexual.
4. É melhor combinar de antemão um horário para o sexo por telefone ou virtual com o parceiro ou parceira. Embora talvez você queira surpreender a pessoa, o momento pode não ser adequado. Dê a ela tempo para se preparar, para que você não se sinta rejeitado.
5. Já comece se comunicando de maneira sensual e provocante.
6. Tente encontrar sons eróticos que excitem a pessoa amada, como assoprar, mandar beijos ou fazer sons sensuais ao telefone. Se estiver num momento de sexo pelo computador, você pode gravar sua voz e enviar o arquivo por *e-mail*. Use a imaginação. Eis algumas coisas que você pode experimentar:

- ♥ gemidos;
- ♥ grunhidos;
- ♥ palavras eróticas ou partes do corpo;
- ♥ diálogo espontâneo, natural;
- ♥ descrever como seu corpo fica quando você fala com a pessoa;
- ♥ descrever como você está ficando excitado;
- ♥ dizer à pessoa o que você quer ou o que imagina;
- ♥ dizer o que você faria se estivessem juntos;
- ♥ pedir tudo que você quer que ele ou ela faça com você mais tarde.

7. Se, quando fizer este exercício pela primeira vez, você se sentir ridículo ou desconfortável, é importante se concentrar na diversão e em reconquistar o desejo e a atenção da outra pessoa.

Use frases provocantes rápidas, assim não precisará pensar demais. Elas podem ser usadas num bate-papo por computador também. Por exemplo, para excitar um homem, você pode dizer:

- "Você é insaciável. Não para nunca."
- "Adoro olhar para o seu corpo."
- "Eu te amo... Preciso de você porque você me excita demais."
- "Quero fazer amor com você pelo resto da minha vida."
- "Preciso de você dentro de mim."
- "Sua voz me excita."
- "Seu pênis é como um sorvete de chocolate, e eu quero mais."
- "Quero sentir sua língua entre as minhas pernas."

Para excitar uma mulher, você pode dizer:

- "Só de pensar em você, fico excitado o dia todo."
- "Só de olhar para você, fico com tesão."
- "Adoro observar seus seios quando você anda."

Você também pode escrever poemas ou citar passagens de um livro erótico.

Essas frases servem para manter o jogo do sexo aceso. Quando você já tiver certa prática com o sexo por telefone ou virtual, vai se surpreender com a própria criatividade. E talvez você consiga se excitar o suficiente para ter um orgasmo sozinho...

14
A DIETA DO *STRIPTEASE*

Você despiu minha alma quando fizemos amor.
Nada me impediu de lhe mostrar meu completo ser.
Minhas coxas leitosas, meus seios de mel e rosas,
Meus suspiros e gemidos durante toda a noite,
Quando nosso amor foi tão real.
Minhas curvas perigosas se moviam ao ritmo do nosso amor.
Ofereci-lhe todo meu ser, sem hesitar.
Não me arrependo de ter-lhe dado meu corpo e minha alma.
Só espero que você sempre me queira, como da primeira vez.

COMO SE DESPIR

O ato de se despir com estilo pode fortalecer o relacionamento de maneira excitante e inesquecível, gerando uma química sexual única entre os amantes. Dar um *show* de nudez é apenas uma questão de convicção. Podemos ver alguns exemplos em filmes de Hollywood, como Kim Basinger em *9½ semanas de amor*, ou Demi Moore em *Striptease*, mas lembre-se de que é melhor não imitar a técnica de outra pessoa – assista a esses filmes apenas por diversão.

É mais difícil achar exemplos de homens *strippers*, mas há clubes que atendem predominantemente amigas em despedidas de solteira. Nesses lugares, os *strippers* têm um modo bastante masculino de se despir, e muitas mulheres adoram fazer parte do número. Quando você for fazer um *striptease* para o parceiro ou parceira, seja você mulher ou homem, siga um estilo próprio.

É importante mencionar alguns dos elementos-chave para que sua dieta do *striptease* seja um sucesso, levando a uma noite de paixão, entretenimento e diversão.

As mulheres podem usar:

- ♥ renda, cetim e tecidos com transparência;
- ♥ *lingerie* sexy com uma blusa ou robe com leve transparência;
- ♥ meia sete-oitavos com cinta-liga;
- ♥ meia sete-oitavos arrastão;
- ♥ há diferentes estilos de *lingerie*, para satisfazer todos os gostos imagináveis. Escolha aquelas de que você e seu parceiro gostem. Você pode até encontrar uma *lingerie* sexy que sirva para interpretar personagens diferentes – isso deixa os homens loucos. Pode se vestir como uma colegial, professora, enfermeira, ou qualquer outro personagem que possa imaginar. Alguns homens gostam de ver revistas masculinas. Você pode comprar algumas para ter uma ideia do tipo de *lingerie* que mais agrada seu parceiro;
- ♥ peruca ou roupas de couro;
- ♥ roupas-fetiche, feitas de couro ou vinil e bem justas;
- ♥ música sensual – pode ser um de seus discos favoritos, ou algo que lembre seu parceiro de uma ocasião romântica e especial;
- ♥ iluminação suave e provocante – luz de velas cria o clima perfeito para a sedução;

- ♥ não perturbe – antes de começar o *show*, desligue o telefone, tranque as portas e feche as cortinas, para não ter nenhuma interrupção;
- ♥ um bom drinque – mas não beba demais, pois o excesso de álcool pode inibir o desejo sexual;
- ♥ acessórios e joias, como anéis, braceletes, lenços, relógio, luvas, chapéu e cinto. Quanto mais coisas você tiver no corpo, mais terá de tirar, deixando o *striptease* mais longo e, portanto, mais sexy;
- ♥ um bom banho relaxante antes do *show*. Passe óleo pelo corpo, para que sua pele tenha um aspecto lustroso;
- ♥ um bom perfume;
- ♥ sandália ou bota de salto alto e fino.

Nesta dieta, os seguintes elementos *não* são recomendados para as mulheres:

- ♥ roupas íntimas de algodão (nada sensuais!);
- ♥ meia-calça;
- ♥ calças;
- ♥ roupas casuais, do dia a dia;
- ♥ *lingerie* complicada demais de tirar;
- ♥ qualquer coisa que tenha gola alta;
- ♥ sapato sem salto;
- ♥ *lingerie* que não levanta os seios;
- ♥ roupas de ginástica.

Os trajes e acessórios para os homens são mais simples, mas há certos tipos de roupas mais sensuais e que podem ser usados no *striptease*:

- ♥ cueca samba-canção – preta, se possível;
- ♥ por baixo da cueca, um suporte atlético (também conhecido como colhoneira), que deixa as nádegas totalmente expostas;

- *jeans* com botões em vez de zíper;
- camisa ajustada;
- meias de algodão que combinem com a cueca;
- jaqueta preta, em estilo chinês ou tradicional;
- camisa ou cardigã *jeans*;
- chapéu;
- óculos escuros.

Os homens *não* devem usar:

- sapato com cadarços;
- *top-sider* ou mocassim;
- gravata;
- roupas casuais, do dia a dia;
- cueca de cores vivas ou estampada;
- cueca comprida;
- calças com zíper;
- roupas de praia;
- tênis.

32 DICAS PARA FAZER UM *STRIPTEASE*

Pratique o *striptease* usando as roupas e os adereços mencionados e seguindo estas dicas preciosas.

1. Não se apresse nem planeje cada movimento.
2. Desperte um sentimento de expectativa no "público". Por exemplo, afrouxe uma peça de roupa, mas, em vez de revelar o que está por baixo, passe para outra, deixando a primeira para depois.
3. Não tente parecer outra pessoa. Há tantas maneiras de fazer um *striptease* quanto há pessoas no mundo.
4. Conte uma história, algo que seja significativo para você, enquanto se despe.

5. Não faça disso uma total piada. Tenha senso de humor, mas respeite o *striptease* como um jogo erótico sério.
6. Cante uma música que faça você ficar excitado. Se não quiser cantar em voz alta, cante-a mentalmente e vá tirando as peças de roupa de acordo com seu ritmo interno.
7. Use diversas expressões faciais, como soprar um beijo ou mexer a boca de maneiras diferentes.
8. Revele seu corpo com um ar de distração. Por exemplo, as mulheres podem casualmente deixar cair a alça do sutiã, e os homens podem deixar cair o cinto, depois de desabotoar as calças.
9. Tire algumas peças com rapidez e violência; em outros momentos, use movimentos lentos e sedutores.
10. Tente se surpreender enquanto se despe, brincando e se movendo de maneira sensual.
11. Toque suas zonas erógenas.
12. Mexa-se o tempo todo, para não ter tempo de pensar demais no que está fazendo.
13. Chegue perto da outra pessoa e toque-a, mas depois volte e prossiga com o *show*.
14. Fique parado numa posição por alguns segundos. Por exemplo, curve-se para frente ou arqueie o corpo para trás.
15. Use uma cadeira ou uma bengala, como no filme *Cabaré*.
16. Brinque com coisas transparentes, como cortinas diáfanas.
17. Dance de maneira sensual e lenta, sempre movendo os quadris.
18. Olhe a pessoa nos olhos.
19. Para criar ainda mais expectativa na hora de tirar as últimas peças de roupa, faça tudo bem devagar. Não se apresse nem atropele os próprios movimentos.
20. Para fazer o parceiro ou parceira pensar que o melhor ainda está por vir, sempre dê a entender que tem mais a oferecer.
21. Faça a pessoa querer tocar você, mas afaste-se de novo, provocando, sempre levemente fora de alcance.
22. Não se preocupe se seu corpo está bonito ou não. Concentre-se apenas em fazer o *striptease* e excitar o parceiro.

23. Brinque colocando coisas na boca ou lambendo algo enquanto se despe, como uma fruta pequena ou um chocolate (veja a seção "A dieta do beijo", no capítulo 3, página 64).
24. Filme seu *striptease* e veja-o mais tarde. Observe o que funcionou melhor e o que você gostaria de mudar.
25. Enquanto estiver se despindo, pense em qual parte de seu corpo mais excita o parceiro ou parceira e só revele essa parte no finalzinho.
26. Conte com todas as suas fantasias para excitar o parceiro ou parceira durante o *striptease*. Assim, você também permanecerá excitado.
27. Peça ao parceiro ou parceira um presente especial após o *show*, como sinal de aprovação.
28. Não se esqueça de deixar o corpo relaxado enquanto dança.
29. Caso esteja nervoso, tente não pensar na outra pessoa.
30. Sempre que preciso, conte com a autoestimulação.
31. Você não precisa continuar com o *striptease* se a pessoa perder o interesse por qualquer motivo. Isso pode ser muito frustrante. Tente de novo em outra ocasião. (Os homens às vezes ficam um pouco assustados na primeira vez. Não é raro o homem apreciar o *striptease* e, de repente, querer sabotar a livre expressão da mulher. O inverso raramente acontece – a mulher costuma ficar bastante ligada em qualquer coisa nova e excitante.)
32. Deixe o parceiro ou parceira tirar sua roupa.

O principal objetivo do *striptease* é expressar sexualidade, vencer inibições e despertar desejos, sensações, novas possibilidades, brincadeira. Aprenda a amar seu corpo. Lembre-se de que o *striptease* é um jogo cheio de mistério, magia e sensualidade. Experimente-o hoje!

15
A DIETA DO KAMA SUTRA DIÁRIO

Equilibrar as energias eróticas e de amor e a ligação entre a mente e o espírito, tanto com o parceiro quanto consigo mesmo, é a razão de ser do Kama sutra.

AS POSIÇÕES DO AMOR

As culturas ocidentais costumam associar o *Kama sutra* a múltiplas posições físicas feitas durante o sexo, uma mistura de acrobacia e pornografia. No mundo oriental, o *Kama sutra* pouco tem a ver com essa interpretação completamente física, porque, na essência, essa disciplina implica a prática espiritual por meio da sexualidade sem limites. O *Kama sutra* tem como objetivo elevar a energia sexual em nossa consciência para alcançarmos a iluminação e o senso de unidade com o mundo, com o qual percebemos claramente o universal e experimentamos total harmonia em todos os aspectos de nosso ser.

O que há de mais surpreendente nesse texto é que nenhuma outra obra literária clássica é tão célebre no Ocidente quanto o *Kama sutra*. Esse livro erótico, conhecido no mundo todo, foi escrito por Mallanaga Vatsyayana por volta do século III.

O objetivo do *Kama sutra* é aumentar o êxtase sexual e a integração entre a mulher e o homem, com todo o poder divino que o sexo pode despertar e expressar nos seres humanos. Essa técnica promove a ideia de que cada relação sexual com a pessoa amada é uma celebração, um evento mágico e extraordinário, diferente e único a cada vez. Os dois podem, juntos, canalizar uma poderosa energia sexual divina. Isso é feito por meio de uma combinação de técnicas sexuais, principalmente posições diferentes para fazer amor.

A dieta do *Kama sutra* diário recomenda experimentar e praticar uma posição diferente a cada dia, para melhorar o equilíbrio das energias físicas, mentais e emocionais, enquanto você desfruta de uma vida sexual sólida e saudável.

Com as chaves de cada posição do *Kama sutra*, um relacionamento sexual comum e chato pode se transformar em algo excitante e diferente. Essa dieta ajuda a desenvolver a criatividade, fazendo do sexo uma experiência nova e maravilhosa.

VATSYAYANA, O AUTOR DO KAMA SUTRA, afirmou que, na primeira transa, a paixão sexual do homem é intensa e o clímax é rapidamente atingido. Nos encontros seguintes com a mesma parceira, o oposto pode ser verdadeiro. Ao contrário, a primeira transa provoca uma paixão hesitante na mulher, que precisa de bastante tempo para alcançar o orgasmo. Nos encontros subsequentes com o mesmo parceiro, ela sente a paixão aumentar e atinge o orgasmo cada vez mais rápido. O *Kama sutra* afirma que todas as relações sexuais requerem um jogo erótico, e diferentes posições devem ser usadas para permitir que os parceiros se conheçam mais a fundo e aproveitem o sexo ao máximo.

Como aproveitar ao máximo todas as posições

É importante reconhecer que o corpo, a mente, as emoções e o espírito são energias que fluem numa espiral. Isso se aplica ao sexo e a qualquer outra situação na existência humana. Essa dieta é mais eficiente quando estamos conscientes de que a mente vibra em uma frequência muito mais alta que a do corpo. Por isso, para que cada posição flua como uma dança, é importante alcançar o equilíbrio entre a mente e a energia corporal. O melhor modo de fazer isso é respirar mais devagar e deixar o corpo relaxar. Estes são quatro conceitos que se aplicam à energia em suas várias dimensões:

- ♥ **Estar consciente:** No calor do momento, é importante que o casal esteja relaxado, para que os dois possam movimentar de maneira apropriada o corpo todo. Alcançar um estado de serenidade por meio da respiração profunda e controlada é um modo de entrar em sincronia com o ritmo perfeito da dieta do *Kama sutra*.
- ♥ **Coordenação:** Quando a mente é treinada para se manter consciente e focada em cada movimento durante o sexo, o corpo começa a sentir a energia do prazer e a integração de emoções provocadas pelo estímulo erótico, bem como sentimentos de afeição pelo parceiro ou parceira.
- ♥ **Integração:** Todas as posições, ou ássanas, envolvem movimentos rítmicos. Com a prática do *Kama sutra*, o casal começa a sentir que cada posição aproxima mais os dois em uma única entidade.
- ♥ **Disposição:** A persistência é muito importante para transcender a mente e transformar a experiência sexual de algo comum em um evento divino, cósmico.

Esses conceitos estão interconectados e devem ser levados em conta para que o casal obtenha o máximo da dieta do *Kama sutra*. Quanto mais relaxados estiverem o corpo e a alma, mais prazer o casal vai experimentar. Mas, no Ocidente, a excitação sexual é associada a um estado de tensão muscular e mental, que sem dúvida é o que causa dificuldade de atingir o orgasmo nas mulheres e ejaculação precoce ou impotência nos homens.

Existem algumas regras de ouro para o domínio completo das posições do *Kama sutra*, que se baseiam na comunicação verbal e não-verbal.

ONZE REGRAS DE OURO PARA A PRÁTICA DO *KAMA SUTRA*

A mente humana é constantemente agitada por pensamentos, que podem, por vezes, dificultar o prazer. Para ter um relacionamento harmonioso com a pessoa amada e conosco, podemos usar a comunicação não-verbal para nos expressar enquanto praticamos as várias posições. Poucas pessoas compreendem de fato que o sexo não tem a ver com a linguagem do corpo, e sim com a da mente.

Como iniciar um diálogo usando a linguagem corporal? Esse tipo de conversa não-verbal ocorre quando concentramos toda nossa atenção no que estamos sentindo. O corpo responde melhor quando prestamos total atenção nas sensações físicas, em vez de nos concentrar nos pensamentos. Essa forma de expressão nos põe em contato mais íntimo com nosso coração, de modo que possamos sentir o amor plenamente, em toda sua profundidade e intensidade. Para experimentar essa forma de comunicação, é importante:

- ♥ Concentrar-se no ritmo da respiração de vocês dois.
- ♥ Respirar mais devagar até o corpo ficar relaxado, enquanto você se movimenta e assume várias posições.
- ♥ Praticar comunicação não-verbal, olhando bem nos olhos do parceiro ou parceira, absorvendo, a cada gesto, os sentimentos da pessoa.
- ♥ Expressar ao parceiro ou parceira, por meio do corpo, tudo que você está sentindo.
- ♥ Ter consciência das respostas de seu corpo a cada estímulo sexual oferecido pela pessoa amada.

- Prestar atenção em suas sensações corporais, para que você fique cada vez mais relaxado.
- Quando você experimentar uma sensação particularmente agradável, tente relaxar ao máximo. Ligue-se conscientemente nisso e aproveite a sensação.
- Quando ocorrer alguma sensação desagradável, tente delicadamente mudar de posição, comunicando isso, de maneira sutil, ao parceiro ou parceira, sem interromper o prazer do outro.
- Deixe a pessoa se expressar.
- O homem deve tomar cuidado para não fazer mudanças bruscas e repentinas de posição, pois isso pode afetar a receptividade da mulher à penetração e atrapalhar a transição para a posição seguinte.
- Deixe seu corpo experimentar livremente cada sensação, sem julgamentos. Aproveite!

A DIETA DIÁRIA DAS POSIÇÕES DO *KAMA SUTRA*

As posições sexuais do *Kama sutra* estimulam a imaginação e aumentam o prazer. A seguir, você vai encontrar posições diferentes para praticar com o parceiro ou parceira todos os dias do mês. À medida que praticar cada posição, você vai experimentar mais espontaneidade e fluidez com a pessoa amada. Cada posição forma uma dança única, que só pode ser comparada com o movimento das estrelas no céu.

1. O caranguejo

O homem se apoia em uma mesa, segurando a parceira pelo quadril e levando o pênis lentamente até a mulher, que está de costas para ele. Enquanto a mulher é penetrada, ela se inclina para frente o máximo que conseguir. Essa posição deve ser praticada quando a mulher estiver bem lubrificada, para permitir uma penetração bastante profunda. A posição do caranguejo é muito agradável para o homem, pois lhe permite tocar a parceira. Também pode ser usada para penetração anal. Pode ser usada para obter um contraste gritante com uma posição anterior mais confortável, quando o casal se preparava para fazer amor. O homem pode calcular seus movimentos; a mulher pode se apoiar sobre a pelve do parceiro, variando a posição e aumentando a penetração.

2. A entrega

A mulher se deita de costas, com as nádegas na beira da cama e os pés apoiados no chão. Ela espera, com pernas e braços abertos, para ser penetrada pelo amante. Ele se ajoelha na frente dela e introduz o pênis entre as pernas da parceira, agarrando as coxas dela com as duas mãos para aumentar a penetração. Esta posição é perfeita para mulheres que precisam se sentir profundamente penetradas pelo amante e para aquelas que necessitam de estímulo no clitóris. Também é ideal para o homem porque ele pode controlar com mais facilidade o ritmo da penetração, com as mãos nas pernas da parceira.

3. A jiboia

A mulher se deita de costas, levantando e abrindo as pernas. É um convite para que o parceiro a desfrute. Ele se deita em cima dela e a penetra plenamente. Enquanto ele faz isso, ela passa as pernas em volta do quadril do parceiro. Em seguida, levanta as pernas cruzadas até a cintura do amante e o aperta com mais força. Ao mesmo tempo, coloca os braços em volta do pescoço e dos ombros do parceiro. Esta posição pode ser particularmente confortável para a mulher, aumentando seu prazer por causa da posição das pernas. Traz muito prazer aos amantes que precisam se sentir completamente unidos ao parceiro e confortáveis, abraçando o outro com o corpo inteiro.

4. O Tao

O homem se agacha numa superfície sólida e segura. De frente para ele, a mulher se senta em seu colo. Para mais estabilidade, o homem pode se recostar na quina da cama ou em algum outro apoio vertical. A vantagem dessa posição é que ela é original e divertida, e serve para uma quebra de rotina. A desvantagem é que o homem pode acabar se mexendo demais se as pernas dele não estiverem firmes sob o peso da parceira. Com isso, ele pode perder a ereção ou ter dificuldade para manter o ritmo. Se o homem for particularmente flexível e forte, esta posição tem uma variação que agrada amantes que gostam da sensação de balanço durante o sexo: ainda agachado, ele pode fazer movimentos que lembrem uma rede, balançando para frente e para trás, com os pés fixos no chão. Ou pode ficar totalmente imóvel, deixando a mulher se mover até atingir o clímax.

5. A sedutora

A mulher se deita de costas, com as pernas ligeiramente separadas, enquanto o homem se inclina sobre ela. Esta posição é uma variante da catapulta, mas é muito mais confortável para a mulher, porque a pelve dela se apoia na cama. Ela levanta uma perna acima do peito do amante. Para prolongar a excitação, o homem empurra a perna dela para aumentar a penetração. Depois a traz de volta à posição original. Esta posição pode ser ainda melhor se a mulher conseguir colocar o pé nas nádegas do parceiro. Ela terá uma sensação extraordinariamente prazerosa quando o osso púbico do homem pressionar de leve seu clítoris. Para ter ainda mais prazer, ela pode dobrar uma perna e colocar a sola do pé no peito do parceiro. Dessa forma, ela pode aproximar ou afastar o amante, impondo seu próprio ritmo. Esta é uma variação leve da posição tradicional, mas essa simples mudança tem efeitos claros sobre a experiência erótica.

6. A explosão

Esta posição é uma variante do abraço completo e é recomendada para uma transa rápida. Tomados de desejo, o casal fica de pé, um de frente para o outro. Ele se encosta na parede, com as pernas separadas para manter o equilíbrio, e ela levanta uma das pernas, repousando-a sobre a coxa do amante. O homem pode ajudá-la, segurando a perna da parceira. Uma diferença acentuada na altura pode causar certa dificuldade nesta posição. Se o homem for muito mais alto, ele pode afastar mais as pernas ou dobrar um pouco os joelhos, permitindo um ângulo melhor para a penetração, ou a mulher pode ficar na ponta dos pés. Enquanto o casal se olha, ocorre uma penetração sublime, com os movimentos do homem aumentando gradativamente.

7. O macaco

O homem se deita de costas, com as pernas ligeiramente flexionadas, erguidas e repousando contra o peito. De frente para ele, a mulher se senta sobre a parte de trás das coxas do parceiro e o deixa penetrá-la. Ela fecha as pernas, desliza as coxas entre as pernas do homem e se apoia nos pés dele, para ter estabilidade. O homem pode, então, delicadamente erguer a parceira com os pés para iniciar uma estimulação vertical. Ela está por cima dele, com as coxas fechadas. Justamente por isso, a pressão sobre o pênis é maior, gerando uma sensação muito prazerosa. E a mulher pode oferecer uma estimulação ainda maior mexendo a pelve em movimentos horizontais e circulares. Essas sensações podem ser muito intensas e costumam levar a maioria dos homens ao orgasmo rapidamente.

8. A tesoura

Esta posição é altamente original e exige grande agilidade da mulher. O homem se deita de costas, descansando os ombros sobre uma almofada para que a cabeça fique elevada e ele observe a parceira. Ela abre as pernas e se senta sobre o parceiro, de frente para os pés dele. A penetração deve ser lenta e sensual. O ritmo do coito deve ser partilhado pelos dois, embora o homem possa agarrar as coxas da parceira e aumentar a velocidade. Ele pode estimular o ânus dela com os dedos.

9. A rede

Para fazer bem esta posição, o homem deve se sentar numa superfície dura e plana (não na cama), com as pernas flexionadas e os joelhos erguidos. De frente para ele, a mulher, com as pernas abertas, se senta sobre ele e o deixa penetrá-la, acomodando-se no espaço entre as pernas e o peito do amante. Ele pressiona o corpo da mulher com os joelhos, trazendo-a para mais perto dele, aproximando os dois corpos, enquanto beija os seios dela, que estão bem perto do rosto dele. Essa estimulação é deliciosa para a mulher e inebriante para o homem. Com a cabeça jogada para trás, a mulher se entrega a esse intenso prazer, desfrutando as sensações maravilhosas que o parceiro lhe proporciona.

10. A matriz

Com as pernas juntas (para aumentar a estimulação do pênis e do clitóris), a mulher se deita de lado e inclina a cabeça para trás enquanto o homem a penetra por trás, pela vagina ou pelo ânus. Esta é uma posição excelente para o sexo anal. A mulher que ousa experimentar o prazer do sexo anal faz de seu corpo um universo completo, perfeito e ilimitado de amor e prazer. Os movimentos do casal devem ser suaves e coordenados, a penetração lenta e profunda. Ambos os corpos se encaixam como peças de um quebra-cabeça. Esta posição é ótima para mulheres que têm dificuldade de atingir o orgasmo ou que gostam de aumentar a estimulação do clitóris durante a penetração, porque manter as pernas fechadas produz esse efeito maravilhoso. Você só precisa relaxar e se entregar ao prazer.

11. O trapézio

O homem se senta com as pernas abertas e a parceira se senta sobre ele, enlaçando-o enquanto é lentamente penetrada, sentindo-se plena e completada pelo amante. O homem a segura pelos pulsos e se deixa intoxicar de prazer, enquanto ela relaxa o corpo e se inclina para trás, até cair completamente. É importante que a mulher esteja totalmente relaxada e se entregue sem restrições ao amante, enquanto ele a puxa em direção a ele, provocando a fricção para o ato sexual. Esta posição é composta de vários movimentos, por isso a mulher precisa ser leve. O casal deve estar bem equilibrado, e o homem deve ser forte e hábil. A posição do trapézio é ideal para quebrar a rotina e provocar novas emoções. Após experimentar essas sensações, você nunca mais vai dizer não ao sexo!

12. Prazer infinito

A mulher se deita de costas e ergue as pernas enquanto respira fundo e aproveita o êxtase de exibir seu sexo ao amante. Ela o deixa segurá-la enquanto a penetra, dominando-a e controlando-a. Esta posição permite ao homem variar a penetração e a posição das pernas de ambos. Os parceiros não podem aproximar os rostos, e as mãos do homem não podem fazer muito nesta posição, porque ficam imóveis, o que gera uma tensão maravilhosa. Os dois corpos seguem o caminho até o orgasmo e refletem os diversos sinais de prazer, sensualidade e afeição.

13. A borboleta

Para esta posição, a mulher deve se deitar de costas sobre uma superfície macia e confortável, como uma cama ou sofá. O homem se deita em cima dela. Dessa maneira, os dois corpos se unem, numa posição perfeita para casais afetuosos que gostam de expressar gestos de ternura. Com um pouco de destreza e alto nível de excitação, a mulher coloca uma das pernas em volta da região lombar do amante, abrindo as portas para o prazer. O homem a penetra, usando as pernas dela como uma espécie de alavanca do prazer, apoiando-o pelo quadril. As adoráveis palavras românticas que ele pode sussurrar no ouvido da amante são o tempero perfeito para alcançar o prazer máximo, combinado com os deliciosos beijos que ele pode lhe dar. A mulher entra em êxtase ouvindo essas palavras de ternura, é levada por seus beijos até as nuvens e demonstra seu prazer com gemidos irresistíveis, afirmando o doce poder de seu homem. A penetração ocorre pela metade, o que significa que o prazer e o desejo crescem na mesma proporção, explodindo num intenso orgasmo.

14. A espiral

Não há nada melhor para uma mulher com dificuldade de atingir o orgasmo com a penetração do que posições que exercem pressão sobre o clitóris. Na posição da espiral, o orgasmo é facilmente alcançado, e a estimulação múltipla é uma sensação inesquecível para a mulher. Ela se deita na beirada da cama, com as pernas flexionadas para um lado do corpo. Isso faz com que o clitóris seja espremido entre seus melhores aliados na hora de alcançar o tão cobiçado orgasmo: os lábios vaginais. A mulher pode contrair ou relaxar toda a área vaginal, enquanto o homem, de pé, se inclina diante dela e delicadamente a penetra. Para tornar essa posição ainda mais deliciosa, enquanto o homem penetra a mulher, deve acariciá-la nos seios, ao mesmo tempo em que ela geme de prazer, incentivando o parceiro a continuar.

15. A amazona

Assumindo uma posição totalmente ativa, a mulher pode ficar por cima e controlar o ritmo da relação, montada sobre o parceiro e com os pés firmes, um de cada lado do corpo dele. Esta posição é perfeita para mulheres que se sentem bem numa posição dominante e gostam de controlar o ritmo do sexo. Para o homem, essa é uma experiência fantástica, porque lhe dá permissão de ser passivo e de relaxar durante o ato sexual. Ele pode tocar os seios da amante, beijá-la no pescoço e acariciar seus cabelos enquanto ela se move. O ângulo visual desta posição é um dos mais excitantes para o homem, pois lhe permite ver claramente cada movimento da parceira. E ela terá enorme prazer só de saber que está no controle e que o parceiro sabe disso.

16. O refúgio

Com alguns travesseiros ou almofadas no chão, o homem se senta com as pernas flexionadas e parcialmente abertas. Esta posição permite à mulher se acomodar confortavelmente no espaço criado pelo corpo do amante, estimulando sentimentos de proteção, que brotam naturalmente. Usando as mãos e os braços, o homem posiciona a parceira sobre seu pênis, controlando o ritmo e a intensidade da penetração. Esse é um encontro altamente satisfatório para o casal. Em seguida, a mulher repousa as pernas sobre os ombros do parceiro, que acomoda a cabeça entre as coxas da amante. O homem pode tocar o clitóris dela, enquanto a segura com firmeza pela cintura. A distância entre o rosto dos parceiros e a natureza ousada desta posição a tornam excitante e extremamente sensual.

17. A distraída

A mulher se deita de lado e o homem a pressiona pelas costas para penetrá-la. Ela estende uma perna para trás e a coloca em volta da cintura do parceiro. Esta posição é ótima para homens que estão acostumados a fazer amor na posição padrão "papai-e-mamãe", bem como para mulheres muito flexíveis que querem utilizar o corpo inteiro no sexo. Além disso, também realiza certas fantasias – em primeiro lugar, a mulher não olha para o parceiro, mas ao mesmo tempo a cabeça dele está próxima do pescoço e do rosto dela. Em segundo lugar, ele tem fácil acesso ao clitóris e aos seios da amante.

18. A surpresa

Nesta posição, o homem fica em pé e agarra a mulher por trás, penetrando-a enquanto a segura pela cintura, de maneira sensual e um tanto dominadora. A mulher relaxa o corpo inteiro até as mãos tocarem o chão, num gesto de total submissão, demonstrando confiança no parceiro. O homem "surpreende" a mulher por trás, tocando uma melodia deliciosamente erótica. Para ela, o prazer vem do ângulo da abertura vaginal, que, por ser limitado, provoca uma sensação muito agradável de aperto. Para ele, as sensações mais poderosas vêm da cabeça do pênis, entrando e saindo da vagina à vista dele e acariciando o clitóris com seus movimentos mais audaciosos. A visão do homem também engloba o ânus, as nádegas e as costas da mulher, zonas extremamente erógenas. O modo como esta postura acentua a dominação do homem sobre a mulher e o completo relaxamento dela pode facilitar uma sedução audaciosa por parte dele. Ele pode inserir um dedo no ânus da amante durante a transa, aumentando ainda mais o prazer dela. Esta posição é perfeita para casais que gostam de fazer sexo primitivo e selvagem.

19. A medusa

O casal deve se ajoelhar sobre uma superfície confortável, mas não tão macia como a cama. Nessa posição, o homem se entrega ao desejo da mulher. Ela desce sobre o pênis e o faz penetrá-la a seu bel-prazer. Antes disso, os dois podem se beijar, encostando o peito, se abraçar e acariciar as costas um do outro. Ela deixa a cabeça do pênis tocar de leve os lábios vaginais e o clitóris, criando uma sensação única, muito agradável. Assim, o momento da penetração será ainda mais prazeroso e ansiosamente aguardado. Durante a penetração, se o homem não conseguir se conter e se submeter aos movimentos da parceira, pode controlar o ritmo segurando-a pela cintura e puxando-a para perto dele. A proximidade dos parceiros lhes dá a deliciosa oportunidade de se olhar, se curtir, sussurrar no ouvido um do outro e se beijar até chegar ao orgasmo.

20. A fusão

Nesta posição, o homem se senta inclinando levemente o corpo para trás, apoiando-se com as mãos ao lado do corpo. As pernas podem ficar retas ou flexionadas, o que for mais confortável, e os dois parceiros devem deixar a cabeça relaxada. A mulher, assumindo a função mais ativa, se posiciona por cima do parceiro e reclina-se para trás, também se apoiando com os braços atrás do corpo. Para ter o máximo de prazer nesta posição, as preliminares devem ser intensas, pois a postura não permite o uso das mãos e os lábios estarão muito distantes para se beijarem. A mulher controla o ritmo da transa e o contato dos genitais com movimentos muito definidos. É essencial que o clitóris se beneficie do contato com o corpo do parceiro para máxima excitação, e que ele mantenha a ereção até ela resolver explodir em prazer. O olhar dos amantes tem uma função importante aqui, assim como a comunicação sensual e provocante, porque palavras eróticas são carregadas de uma forte energia sexual. O uso delas pode ser um potente instrumento de prazer nesta posição, tornando completa a "fusão".

21. A possessão

Como o nome dá a entender, esta posição é cativante e tem um atrativo especial para a mulher. O homem pode usar seu magnetismo sexual na potência máxima, aproveitando completamente sua energia erótica. A mulher se deita de costas, com as pernas flexionadas e abertas, convidativas, enquanto espera que o parceiro a penetre. De frente para ela, ele se senta entre as pernas da parceira e a penetra, agarrando-a pelos ombros para controlar os próprios movimentos. As pernas dos parceiros se entrelaçam nesta postura sensual. O pênis entra e sai da mulher em um movimento descendente, pois o corpo dela está numa posição um pouco mais alta que o dele. Nesta posição, o homem pode explorar o ponto G e toda a área genital da mulher, dando o prazer que ela deseja.

22. A domadora

Numa posição sentada confortável, o homem recebe a amante, que enlaça o corpo dele, sentando-se sobre o pênis. A mulher pode seduzir o amante de várias maneiras nesta postura. Pode tocar e acariciar a área genital do parceiro, segurando o membro dele e ajudando-o a penetrá-la, ou pode acariciar os próprios genitais junto com os dele. O homem pode ativamente impor sua vontade, se os dois assim quiserem, pressionando devagar a mulher em direção ao pênis, ao mesmo tempo em que olha profundamente nos olhos dela. Alguns temperos que podem acompanhar esse prato sexy são um abraço apaixonado, lambidas delicadas, beijos acalorados e carícias suaves e sensuais nas costas dos dois.

23. O submisso

Apesar do nome, esta costuma ser a posição preferida dos homens. O papel submisso masculino pode ser extremamente estimulante para ambos os parceiros, principalmente se eles já tiverem um relacionamento longo. O homem se deita confortavelmente de costas, deixando o corpo à mercê da parceira. A transa pode começar com a mulher beijando e acariciando o parceiro, enquanto ele permanece na mesma posição passiva, culminando em uma penetração profunda, com ela montada sobre o parceiro, de costas para ele, controlando os movimentos com os braços. Pode ser muito sexy tentar um contato visual nesse momento, com a mulher olhando para trás, por sobre os ombros. Também, nesta posição, o homem tem acesso fácil ao ânus e às nádegas da parceira. Ela controla a velocidade e os movimentos do ato sexual. Dependendo dos movimentos da mulher, o casal pode desfrutar estimulação anal e genital nesta posição, que tem muitas variações possíveis para experimentações divertidas.

24. Clássica ("papai-e-mamãe")

Esta é a posição mais universal e clássica na arte de fazer amor, mas é muito recompensadora para diversas pessoas, principalmente quando a mulher precisa sentir a proteção física, sexual e terna do homem. Estar face a face permite infinitas variações, que podem tornar esta postura sedutora e excitante. A fácil mobilidade das mãos, a proximidade dos rostos e o conforto dos corpos são algumas vantagens que fizeram desta posição um clássico. Você não precisa ter medo de experimentar novos tipos de contato durante o sexo nesta posição. A mulher pode tocar as nádegas e o ânus do parceiro, vivendo novas experiências. O homem pode tocar o clitóris da parceira ou deixá-la se estimular. As pernas dos dois podem ficar fechadas para criar mais fricção na penetração. Muitas pessoas identificam esta posição com o amor e o romance no início do relacionamento, e vale a pena explorar todas as possibilidades da posição clássica para aproveitá-la ao máximo em todos os estágios do relacionamento.

25. O êxtase

Esta posição deve ser praticada de um ambiente confortável e bastante íntimo, para ser aproveitada ao máximo. A mulher se senta na beirada de uma cama baixa, cadeira ou sofá. O homem se ajoelha na frente dela e a penetra, mantendo seus genitais no mesmo nível dos dela. Ela relaxa o corpo, se inclina devagar para trás e abre bem as pernas para receber o amante. Ao mesmo tempo, o corpo do homem é cercado pelas pernas da parceira. A mulher pode controlar o ritmo da relação, mas, se ambos os parceiros encontrarem um movimento harmonioso e satisfatório, que agrade os dois, o prazer mútuo será realmente explosivo.

26. A ascensão

Uma vantagem desta posição é que ela permite aos amantes penetração total, daí o nome. Deitada, com as pernas erguidas e abertas, a mulher espera que o parceiro a penetre. Ela levanta as pernas até que estejam acima dos ombros do parceiro. O homem se apoia com as mãos no chão ou na cama para controlar o ritmo da transa. Muitas mulheres acham esta posição complicada, desconfortável ou dolorosa, mas você precisa experimentá-la, principalmente se estiver em um relacionamento estável e, assim, com bastante tempo para experimentar diferentes posições. A excitação do homem é muito intensa nesta postura, e o prazer do casal pode ser imenso. Ela permite uma penetração completa e profunda e um contato único dos genitais, na medida em que os testículos se esfregam nas nádegas da mulher e o clitóris é estimulado pela posição incomum das pernas. A distância entre os rostos dificulta o beijo, o que pode ser provocante, pois os parceiros se sentem impelidos a se aproximar, mas estão limitados pela posição dos corpos. Assim, eles experimentam de maneira consciente o intenso e inebriante prazer de desejar o outro.

27. O elástico

Esta postura é recomendada para casais que tenham bastante experiência na arte de fazer amor, cujos corpos sejam altamente flexíveis e que estejam preparados para fazer movimentos muito intensos e prazerosos. Ele se deita de costas, relaxado e excitado, com o pênis totalmente ereto. De costas para o parceiro, ela o deixa penetrá-la, flexionando os joelhos e inclinando-se para trás, para que a penetração seja completa. Para facilitar os movimentos, a mulher deve erguer a cintura e relaxar, recostada no parceiro. Nesta postura, o homem terá fácil acesso ao clitóris e aos seios da amante. A mulher precisa se concentrar em relaxar o resto do corpo. O tônus muscular e a concentração em todas as partes do corpo são o que torna esta posição tão deliciosa. Particularmente a mulher pode ter um orgasmo maravilhoso, ficando completamente exausta.

28. O arco

Esta é uma variação da posição face a face, mas modifica radicalmente as sensações. A mulher deita de costas, abre e flexiona as pernas, apoiando-se sobre os cotovelos. Quando o parceiro estiver pronto para penetrá-la, ela se apoia nos pés e ergue o quadril, repousando sobre as pernas flexionadas do homem. Na posição do arco, o prazer feminino se concentra na penetração profunda e também na agradável sensação de estar protegida e coberta pela pele quente do parceiro. Mantendo esta posição, o casal pode sentir um raro prazer e chegar ao orgasmo, principalmente se puderem estabelecer um ritmo que resulte no clímax simultâneo.

29. O cachorro

Esta posição tem o nome de um animal porque o homem pode utilizar seus instintos sexuais mais selvagens em plena potência. E a parceira se entregará totalmente ao ato de amor. Nesta postura, a mulher fica de quatro no chão. O homem se coloca atrás dela, na mesma posição, mas cobrindo o corpo da parceira. Para maior conforto, a mulher precisa usar os braços e os joelhos para se apoiar e abrir as pernas. Para proteger os joelhos, o casal deve, antes, colocar travesseiros no chão. O homem põe o braço ao redor da cintura da parceira e a penetra profundamente, pela vagina ou pelo ânus, dependendo do desejo do casal. Ele também pode massagear os seios da parceira durante o ato sexual. Ou, para um prazer muito especial, pode penetrá-la bem devagar, erguendo o tronco dela com um braço enquanto se apoia com o outro no chão. O controle completo por parte do homem dá uma dimensão muito excitante a esta posição.

30. A coluna

Quando a mulher descobre um movimento sensual concentrado no posicionamento e na elevação do quadril em qualquer posição, isso pode ser uma fonte poderosa de prazer, pois a coloca em contato com o corpo do homem de maneira que não é possível em posições mais tradicionais. Neste caso, o homem se ajoelha e penetra a amante, que está deitada de costas diante dele, enquanto as nádegas da parceira roçam suas coxas. A mulher pode estender as pernas sobre o tronco do parceiro ou flexioná-las e colocar os pés no peito dele, o que pode provocar sensações muito prazerosas no homem, enquanto ela acaricia o peito dele com os pés. Nesta posição, o homem tem fácil acesso ao clitóris da amante e pode estimular com os dedos toda a área genital dela. Os dois podem exercer certo controle sobre o ritmo da transa, de acordo com o desejo e a flexibilidade de seus corpos.

31. O abraço

Esta posição proporciona um encontro intenso e criativo, com contato físico completo. De modo geral, para praticá-la, deve haver um sentimento profundo entre os amantes, pois se trata de uma experiência verdadeiramente extraordinária. Os dois ficam em pé, um de frente para o outro, prontos para fazer amor. Ela sobe pelo corpo dele, colocando com firmeza os braços em volta dos ombros do parceiro e as pernas em volta da cintura dele, abraçando-o com o corpo inteiro. Ele segura a amante pelas nádegas e a puxa para perto de si, penetrando-a. O ritmo da transa pode ser definido de dois modos – com movimentos para cima e para baixo ou para frente e para trás, dependendo do desejo e das necessidades físicas do casal.

Passo 3

CASOS ESPECIAIS

16
RECEITAS PARA ACABAR COM EMOÇÕES TÓXICAS: CIÚME, CULPA, ANSIEDADE

O amor é vasto.
Nunca termina nem se esgota.
Sua mente quer convencer você disso.
Não acredite. Sempre escute a
Inabalável verdade de seu coração.

EMOÇÕES TÓXICAS: CIÚME, CULPA, ANSIEDADE

As toxinas do corpo podem nos deixar doentes, assim como as emoções negativas podem ter um efeito tóxico sobre nossa personalidade. Mas o que exatamente são estas emoções tóxicas? São mecanismos internos gerados pela mente para se defender de emoções naturais que ela vê como ameaçadoras. Essas emoções negadas acabam se projetando nos relacionamentos das mais variadas formas e provocando conflitos. Estes, por sua vez, geram emoções tóxicas, e tudo isso se transforma num ciclo sem fim. As emoções tóxicas não são genéticas, mas desencadeiam certos padrões de comportamento nos pais que mais tarde são imitados pelos filhos. Crianças que são agredidas pelos pais, por exemplo, acabam repetindo o comportamento com seus filhos, pois essa é a realidade que conhecem.

Relacionamentos íntimos começam naturalmente de uma amizade, um caso ou um encontro casual, e, conforme começamos a ficar mais envolvidos, nossas emoções e sentimentos começam a vir à tona. Embora esse processo seja completamente normal, por vezes surgem conflitos, criando ansiedade e medo – e, quando percebemos, já estamos projetando no relacionamento nossos conflitos internos e inseguranças.

Quanto mais conhecemos a pessoa, mais suscetíveis nos tornamos às emoções tóxicas que corroem o relacionamento. Começam a ocorrer mal-entendidos, abandono, medo de compromisso, traições etc. O relacionamento começa a se deteriorar de diversas maneiras. Se, por um lado, cada pessoa tem características únicas, assim como cada relacionamento, por outro existem emoções comuns que todos partilhamos em nossas relações, mesmo que mudássemos de parceiro todos os dias.

Se analisarmos as causas exatas das emoções tóxicas, podemos citar:

- ♥ mecanismos psicológicos negativos inatos;
- ♥ imaturidade ou reações infantis;
- ♥ falta de percepção da própria identidade ou individualidade;
- ♥ inabilidade para se comunicar ou compreender o parceiro;
- ♥ não conhecer bem as próprias necessidades;
- ♥ medo, ciúme, inveja, insegurança etc.;
- ♥ brigas e discussões como meio normal e frequente de se relacionar com o outro;
- ♥ mágoas ocultas;
- ♥ desejo de controlar ou exercer poder sobre os outros.

Essa lista é um resumo das emoções tóxicas mais frequentes. Há muitas outras possíveis, tantas quanto o vasto número de pessoas e casais no mundo é capaz de criar.

Ansiedade e medo

Ansiedade e medo parecem andar de mãos dadas na vida. Quando temos consciência de nosso eu interior, podemos reconhecer essas emoções e tentar modificá-las. Se pudéssemos dramatizar a ansiedade, ela seria como aquela sensação de frio na barriga antes do primeiro encontro ou a tensão muscular que sentimos antes de um evento importante. O coração bate mais rápido sempre que precisamos fazer algo novo ou excitante. As manifestações físicas mais sutis são garganta seca, suor na palma das mãos, pupilas dilatadas etc. Esses são os sinais físicos. Independentemente disso, a ansiedade pode ser causada por uma variedade de fatores, tais como:

- ♥ falta de confiança em si mesmo;
- ♥ medo do fracasso;
- ♥ expectativas exageradas;
- ♥ preocupação excessiva;
- ♥ desconfiança;
- ♥ tendência a se isolar dos outros;
- ♥ raiva;
- ♥ pessimismo;
- ♥ atitude excessivamente autocrítica;
- ♥ tendência a se concentrar no aspecto negativo das coisas;
- ♥ instabilidade emocional;
- ♥ autocomiseração;
- ♥ sentimentos de culpa, confusão etc.

Essas são apenas algumas das causas possíveis. O aspecto positivo da ansiedade é que ela pode nos impelir a agir e nos ajudar a encarar todos os tipos de situações difíceis, principalmente aquelas que idealizamos demais ou das quais temos um medo exagerado. A ansiedade pode ser nossa amiga, pois pode ser uma força mobilizadora.

O QUE ACONTECE QUANDO A
ANSIEDADE E O MEDO SE ALIAM?

O medo é como uma vozinha na nossa cabeça que diz: "Não faça isso, é perigoso, você não vai conseguir". Nesse momento, os recursos de que dispomos para enfrentar a situação se tornam limitados. Mas isso não é o fim do mundo. Todos nós já tivemos essa sensação – ela pode ser poderosa o suficiente para nos paralisar temporariamente. O que costumamos fazer é tentar vencer o medo, e para isso nossa mente repete afirmações do tipo: "Não tenha medo, você consegue".

A NEGAÇÃO MENTAL PODE SER POSITIVA?

Negar o medo ou não aceitá-lo não é uma atitude positiva, por mais que você queira se convencer disso. Desde a infância, aprendemos a tentar controlar o medo, em vez de simplesmente compreendê-lo como um sentimento natural. A sociedade nos programa para não sentir medo, mas nada é menos humano que jamais temer nada. O medo é um mecanismo natural, e negá-lo é o que provoca emoções tóxicas. A rejeição do medo exige tamanho gasto de energia que podemos literalmente cair doentes.

Há muitas reações possíveis ao medo, e a maneira correta de lidar com ele depende de cada pessoa. O importante é que todos nós precisamos fazer as pazes com o medo e a ansiedade.

Uma tática que sempre funciona é colocar o sentimento bem à nossa frente – conhecê-lo, aceitá-lo, compreendê-lo e, por fim, ficar amigos desse monstro assustador que nossa mente criou.

A maioria de nós tem a tendência a culpar ou projetar os próprios medos no parceiro. Então, alguma coisa dispara em nosso consciente e o ego aciona os motores do círculo vicioso.

UMA RECEITA PARA ELIMINAR AS EMOÇÕES TÓXICAS

O exercício seguinte vai ajudar você a evitar brigas com a pessoa amada e a erradicar as ações, emoções e pensamentos tóxicos que podem desencadear reações negativas. Vai ajudar você não só a melhorar seu relacionamento amoroso, mas também a lidar melhor com a vida em geral. (Na última parte de *A dieta do amor*, você vai encontrar a dieta do relaxamento, que pode ajudar os leitores a obter resultados melhores em todos os exercícios aqui apresentados.)

TRANSFORMANDO A CULPA

Se você sofre de sentimentos crônicos de culpa, faça o seguinte inventário pessoal. Reserve um tempo para fazer a si mesmo estas perguntas, e as respostas serão muito instrutivas. Antes, entre em estado de relaxamento. Siga as instruções sobre relaxamento explicadas anteriormente e depois faça o exercício, passo a passo:

1. Concentre toda a atenção em seu mais íntimo eu e tente completar esta frase: "A culpa que sinto é como uma voz dentro de mim me acusando de _____".
2. Após ouvir e reconhecer essa voz interior acusadora, imagine que ela é uma pessoa. Deixe-a falar e ouça as acusações. Por exemplo:
   a) "Estou acusando você de _____."
   b) "O que você fez me faz sentir _____."
   c) "Eu castigo você assim: _____."
   d) "A regra que você quebrou é aquela que diz _____."
3. Pense em tudo que foi dito em seu diálogo interior e comece a organizá-lo. Com isso, você poderá ver claramente que código de conduta está escrito nas profundezas de seu ser. É muito importante que você defina com a maior clareza possível o diálogo típico que se passa entre seu acusador e seu réu interior.
4. Quando tiver completado os três primeiros passos, escreva tudo que o acusador disse ao réu. O acusador quase sempre exibe o desejo de dominar e controlar o réu.

> 5. Deixe o diálogo continuar até que os dois lados cheguem a um acordo. Ambos devem sentir que não foram derrotados de maneira alguma por terem aceitado o acordo. Reconhecer o novo relacionamento criado entre os dois lados não só é possível, mas também desejável e necessário.

O acordo mútuo resultará na resolução do conflito. A pessoa que estava sofrendo com sentimentos de culpa se sentirá finalmente livre do problema, e os sentimentos negativos se dissolverão. Ao compreender de fato seus mecanismos subjacentes, você aprende a lidar com os sentimentos pelo que realmente são.

Com frequência, quando um indivíduo consegue se libertar de um conflito interior, as pessoas pelas quais ele se sentia atraído – e que fomentavam o conflito – também desaparecem. Intuitivamente, sabemos que isso vai acontecer, por isso temos medo e deixamos de dar passos importantes para resolver o conflito.

Para sermos felizes e realizados, precisamos cultivar relacionamentos completamente livres de culpa.

O QUE É O CIÚME E COMO ELE AFETA O AMOR?

A primeira coisa que devemos reconhecer é que o ciúme é uma realidade pessoal que tem repercussões para o parceiro ou parceira. Essa realidade afeta o casal de diversas maneiras e pode ter efeitos negativos sobre outras pessoas.

Ciúme nada tem a ver com traição, infidelidade ou deslealdade. Pode haver situações que o exacerbam, mas não são a causa. O ciúme é uma realidade que existe na mente do ciumento.

Basicamente, o ciúme é o oposto da confiança. É uma presença inevitável nos relacionamentos, seja no começo, no decorrer ou no fim da história de amor. Pode ser normal e moderado em algumas pessoas e alcançar o nível de uma obsessão doentia em outras. De qualquer forma, esse tipo de emoção pode ter consequências sérias sobre as interações pessoais.

Muitas pessoas usam o ciúme para despertar desejo – esse é o jogo mais poderoso que um ser humano pode jogar. O oposto também acontece – existem pessoas que precisam fantasiar sobre possíveis traições para estimular o relacionamento. Por exemplo, há mulheres que fantasiam o parceiro desejando outra mulher e lançam um contra-ataque para recuperar a atenção dele – usam o perfume favorito do parceiro, fazem um penteado especial, vestem roupas sensuais etc. E algumas pessoas têm prazer sexual com o ciúme. No meio da transa, fazem à pessoa amada perguntas específicas sobre seu passado sexual, sobre ex-amantes e querem ser comparadas aos parceiros anteriores da pessoa, com o intuito de aumentar a excitação.

Essa forma de estimulação por meio de sentimentos de rivalidade e competição pode ser excitante para ambos os parceiros. Pode ser um meio de os dois se sentirem dominados e dominantes ao mesmo tempo.

𝒞iúme ≠ Amor

Alguns casais acreditam que ciúme é sinal de amor. Ao contrário, tentar obter atenção e afeto por meio de emoções hostis é sintoma de um relacionamento tóxico, originado em nós mesmos ou no parceiro ou parceira.

Nunca confunda ciúme com amor – o amor não é tóxico.

PERFIS DE TIPOS CIUMENTOS

Algumas pessoas admitem abertamente que são ciumentas – e fazem escândalo, gritando acusações. Outras sofrem em silêncio – rangem os dentes e tentam sorrir, enquanto sentem um nó no estômago. Estes são alguns dos sinais de alerta dos tipos ciumentos:

- ♥ Precisam monitorar constantemente os movimentos do parceiro ou parceira.

- ♥ Acham que a pessoa amada é ingênua e pode ser facilmente manipulada.
- ♥ Não gostam que ela saia com os amigos.
- ♥ Não gostam que ela use roupas sensuais.
- ♥ Têm ataques de ciúme sem motivo.
- ♥ Afirmam conhecer a pessoa melhor do que ela se conhece e não respeitam a imagem que ela tem de si mesma.

Há vários arquétipos de pessoas ciumentas. Veja com qual deles você se identifica e quais fazem você se lembrar de alguém que conhece:

- ♥ **Possessivo:** O ciúme não se limita ao sexo oposto. O possessivo odeia qualquer coisa ou pessoa (mãe, irmão, tia, cachorro, planta) que desvie a atenção do parceiro ou parceira. Ele não suporta não ser o centro das atenções da outra pessoa por um segundo sequer.
- ♥ **Ressentido:** Sempre teme e desconfia que a pessoa amada esteja se lembrando de relacionamentos do passado. Imagina tudo que o parceiro viveu com outras pessoas e sofre por isso. Gostaria de ter sido o primeiro e único amor da pessoa, de estar sempre presente em sua memória. O pior hábito do ressentido: faz perguntas cuja resposta ele não quer saber. Não suporta a ideia de não saber alguma coisa.
- ♥ **Bisbilhoteiro:** Fuça a agenda do parceiro, abre sua correspondência, lê seus *e-mails* e faz todo tipo de coisa que irritaria qualquer um. A pior parte: quando o parceiro ou parceira se queixa de estar sendo espionado, o bisbilhoteiro retruca: "Ahá! Então você *tem* mesmo alguma coisa a esconder!"
- ♥ **Sem limites:** Tem surtos repentinos de ciúme sem motivo aparente. A maioria das acusações nada tem a ver com a realidade e serve apenas para prejudicar o relacionamento. "Desde quando você gosta de filmes de ação? Conheceu alguém que o fez mudar de ideia?" ou "Você tem um novo colega de trabalho? É solteiro?

Quantos anos ele tem? É bonito?" Esse tipo de frase é muito comum. Uma pessoa cujo ciúme não tem limites parece só querer arruinar de vez o relacionamento, em vez de ter uma parceria autêntica e harmoniosa.

♥ **Ameaçador:** Mesmo que o parceiro ou parceira jamais tenha pensado em ser infiel, a pessoa ameaça abandoná-lo se for traída. O ameaçador deixa bem claro que a pior coisa que uma pessoa pode fazer é mentir para ele, e que jamais perdoaria uma traição. Deixa claro que vai embora ao primeiro sinal de deslealdade. Blá-blá-blá... Mas é claro que ele não vai a lugar nenhum.

♥ **Silencioso:** O ciumento silencioso não demonstra nenhuma reação às tentativas descaradas do parceiro ou parceira de deixá-lo com ciúme. Isso, é claro, leva o parceiro ou parceira a pensar que talvez a pessoa não ligue para ele, ou tenha muito sangue-frio. Mas os tipos silenciosos são assim por orgulho – acham que, se ficarem nervosos ou fizerem um escândalo, demonstrarão insegurança.

Dar espaço ao ciúme leva a um círculo vicioso e perigoso. Você pode se ver num relacionamento que não se baseia no amor, e sim no prazer de sofrer. Se você é uma pessoa extremamente ciumenta, talvez seu parceiro ou parceira provoque essa reação, a qual você prontamente aceita. Como um viciado que não consegue se livrar das drogas, talvez você tenha se tornado dependente das manipulações dos outros.

Se você é vítima desse tipo de comportamento e reconhece que precisa mudar, faça um esforço para evitar os mesmos erros que cometeu no passado. O ciúme pode produzir uma injeção de adrenalina muito gratificante, mas um relacionamento afetuoso e completo sexualmente se baseia em valores mais saudáveis. Será tão gratificante quanto a emoção da adrenalina, além de muito mais coisas.

Dieta para acabar com o ciúme

Existem técnicas que você pode usar para descobrir o que provoca ciúme em você, seja numa relação de amizade, de amor ou puramente sexual. Para começar, faça exercícios de relaxamento ou visualização, seguindo as instruções dadas anteriormente.

PASSO 1

Quando estiver bem relaxado, tente se concentrar nas situações que fazem você sentir ciúme. Observe que pensamentos passam por sua cabeça, tais como:

- ♥ Ela não me ama mais.
- ♥ Ele está olhando para as outras porque não me quer mais.
- ♥ Ele vai me deixar.
- ♥ Não sou mais importante para ela.
- ♥ Por que ele conversa com outras pessoas?
- ♥ Ela não acredita mais em mim.
- ♥ Faz tempo que ele não diz que me ama.
- ♥ Ele sai mais com os amigos do que comigo.
- ♥ Ela não se diverte mais quando está comigo.

PASSO 2

Pense nisto conscientemente: O passo 1 fez com que lhe viessem à mente pensamentos ou dúvidas. A primeira coisa a considerar agora é se esses pensamentos não são mais uma projeção de seus desejos do que uma realidade. Se, após certa reflexão, você concluir que seus pensamentos se baseiam em algo real, faça outro exercício de relaxamento por alguns minutos e reflita: "Neste relacionamento que me provoca tamanho ciúme, em que momento exatamente abri mão de meu poder e de meu amor-próprio, como se eu ainda fosse uma criança, que depende completamente dos pais?"

Continue em estado de relaxamento.

PASSO 3: PROTEGENDO A CRIANÇA INTERIOR

Ainda em estado de relaxamento e foco, visualize aquela criança assustada e ciumenta dentro de você. Observe as emoções dela. Não se preocupe se surgirem imagens de insegurança, medo ou abandono. Imagine-se pegando essa criança no colo, protegendo-a e dando tudo de que ela precisa. É indispensável ter muita consciência de quais são suas reais necessidades.

Você vai ficar surpreso quando, após praticar essa meditação, a pessoa da qual você sente ciúme mudar de atitude e começar a demonstrar sentimentos positivos em relação a você. Sempre que sentir ciúme, pense no seguinte: Todos temos uma parte pequena e insegura dentro de nós, esperando para ser amada. E lembre-se de que o ciúme também nasce da necessidade de se amar.

17
QUANDO O AMOR ACABA: RECEITAS PARA SOBREVIVER E DAR A VOLTA POR CIMA DEPOIS DE UM ROMPIMENTO

O amor é um enigma.
Nunca sabemos por que nos atinge.
Não sabemos de que lugar misterioso
Ele vem, acomodando-se entre nós.
Quando o amor vai embora, não sabemos
Para que lugar estranho e desconhecido ele vai.

A DOR DA SEPARAÇÃO

Atualmente, o desafio de superar as dificuldades do dia a dia tem tornado os relacionamentos humanos complicados em todos os cantos do planeta. Se você quiser aprender mais sobre como lidar bem com uma separação, divórcio ou rompimento, *A dieta do amor* pode lhe dar algumas ideias.

Antes de prosseguirmos, gostaria de salientar que problemas que levam ao divórcio geralmente podem ser resolvidos se forem detectados cedo e se ambos os parceiros se comprometerem a tentar. Às vezes, os desafios que o casal enfrenta podem aproximá-lo ainda mais e fortalecer a parceria, enquanto as duas pessoas lidam juntas com os problemas.

Seja qual for o motivo – sentimento crescente de desânimo ou uma crise explosiva, como um caso de infidelidade –, o fim de um relacionamento ou casamento é sempre doloroso. A intensidade dessa experiência depende de quão forte era a ligação entre o casal e das circunstâncias que provocaram o fim. Um rompimento completamente inesperado e unilateral não gera o mesmo sentimento que uma separação em mútuo acordo, ou que já vinha sendo insinuada há muito tempo.

Os estágios do rompimento

De modo geral, os estágios do rompimento têm características emocionais semelhantes ao processo de luto pelo qual passamos quando perdemos uma pessoa querida. Um casal que tenha resolvido terminar o relacionamento geralmente passa por três estágios, dos quais devem estar cientes e para os quais precisam estar preparados.

ESTÁGIO I

O processo inicial do rompimento pode incluir crises de choro, forte sensação de perda e ansiedade. Pode haver mil perguntas sem resposta quanto ao que exatamente provocou a separação. Eventos passados e situações positivas ou negativas podem se tornar uma obsessão. Culpas e acusações podem ser experimentadas por ambos os parceiros, independentemente de quem tomou a iniciativa do rompimento. Às vezes, se o relacionamento foi torturante e difícil, pode ocorrer sensação de libertação emocional e alívio.

ESTÁGIO 2

Após o primeiro estágio, vem a aceitação da situação e, aos poucos, as pessoas recém-separadas se acostumam com as novas circunstâncias. Começam a ter outras preocupações, tais como as consequências financeiras da separação, a perda de bens materiais e da renda conjunta etc. O círculo social, que antes incluía os dois parceiros, pode diminuir, e alguns amigos do casal talvez se afastem.

ESTÁGIO 3

Reorganização e recuperação. Neste estágio, a nova situação já foi plenamente aceita. Os recém-solteiros começam a reorganizar a vida e a vislumbrar o futuro. Podem participar de atividades diferentes, investir em novos bens materiais e começar a desfrutar o tempo livre. Começam a fazer novos amigos e a definir metas renovadas. Talvez se envolvam em novas atividades, que lhes deem a oportunidade de conhecer pessoas.

Receitas para sobreviver e dar a volta por cima após a separação

Quase todos os casais passam por crises emocionais e discordâncias após tomar a decisão de se separar. O importante é enfrentar esses problemas e lidar com eles à medida que surgirem, tentando sinceramente encontrar uma solução. Veja a seguir algumas sugestões que podem ajudar você a superar esse momento de crise com clareza, calma, respeito e inteligência.

COMUNICAÇÃO EFETIVA

A comunicação é uma das bases dos relacionamentos, tanto antes quanto depois do término. Após a separação, é muito importante falar diretamente dos problemas, sem acusações disfarçadas ou insinuações.

Também é fundamental evitar brigas desnecessárias. Aprenda a perdoar. Aceite o ex-parceiro ou ex-parceira como ele ou ela é – agora não é o momento de tentar fazer a pessoa mudar. Tente compreender o ponto de vista dela e, acima de tudo, não deixe que seus problemas pessoais e amarguras se reflitam em todas as situações. Não se esqueça de que é normal enfrentar momentos difíceis em tempos de crise ou após um rompimento. Tente não deixar o outro se aproveitar de você.

DIÁRIO

Escreva o que está sentindo durante o processo de divórcio ou separação – sua raiva, sua decepção, suas fantasias. Escreva também as coisas positivas que acontecem a cada dia. Embora isso pareça superficial, cada detalhe vai ajudar você a tocar a vida. Leia as anotações em seu diário de vez em quando, para ver como seu estado emocional e suas circunstâncias de vida estão continuamente evoluindo.

CULPA

Não se culpe pelo rompimento. Nem você nem seu ex-parceiro ou ex-parceira devem se sentir culpados pela separação. Os relacionamentos mudam e as pessoas também. A diferença entre se sentir culpado e ser responsável é crucial, principalmente por causa da relação pós-separação que vocês dois ainda terão com os filhos, com outros membros da família e até com novos parceiros. Um pai ou mãe com sentimento de culpa tem mais dificuldade para disciplinar os filhos e exercer autoridade efetiva.

VOLTAR A MORAR COM OS PAIS

Evite. Se não for possível, negocie um acordo com eles que abranja suas responsabilidades e seus direitos na casa deles. Se puder, ofereça-se para pagar algumas despesas. Lembre-se de que você também pode pedir ajuda a outros membros da família. Avós, tios, primos e irmãos podem ajudar seus filhos a superar o divórcio. Às vezes, a família pode distrair seus filhos e fazê-los felizes enquanto você tira um tempo para si.

TELEFONEMAS E APELOS

Em 75% dos divórcios, só um dos parceiros quer se separar. O amor não correspondido precisa ser tratado com muito tato. Se a decisão de se separar partiu de seu parceiro ou parceira, nenhum apelo ou exigência sua vai convencer a pessoa a voltar atrás. Se a decisão foi sua e ele ou ela vive telefonando para tentar fazer você mudar de ideia, seja gentil, porém firme e claro na resistência.

Viver um rompimento ou um divórcio é um momento estressante. A superação depende de até que ponto cada um está disposto a colocar um ponto final na situação e recomeçar do zero. Quando todas as soluções possíveis tiverem se esgotado sem sucesso, deixe o parceiro ou parceira ir embora, por maior que ainda seja sua ligação com ele ou ela.

DOR

Permita-se chorar pela perda. Chorar é importante, porque as lágrimas levam embora o ódio e a raiva, diminuindo esses sentimentos. Não importa qual dos dois tomou a decisão de se separar. Ambos vão sentir que estão perdendo algo, como se um sonho tivesse acabado.

MUDANÇA DE ROTINA

Todos os casais estabelecem rituais próprios, tais como na hora do café da manhã ou do sexo. Mude as partes de sua rotina diária que provenham do relacionamento que já acabou. Agora é o momento de se livrar de certas coisas que se tornaram um hábito, mas que não são necessariamente adequadas para você.

AJUDA PROFISSIONAL

Se você sentir que a ajuda dos amigos e familiares não é suficiente, procure um profissional. Algumas sessões com um terapeuta especializado no assunto vão ajudar a trazer de volta a sensação de firmeza.

DIREITOS

Reivindique o que é seu. Não se coloque numa posição desprotegida, principalmente em questões financeiras. Abrir mão de seus direitos não fará você se sentir melhor em relação à sua situação.

MUDANÇA DE PAPÉIS

Confie em si mesmo. Quando enfrentamos uma separação, devemos mudar nosso papel de marido/mulher ou namorado/namorada para solteiros, separados etc. Se não fizermos isso logo de cara, será difícil participar ativamente de novas atividades que tenham relação com nossa nova circunstância de vida. Lembre-se de que se engajar nessas atividades é o caminho para a recuperação. Se não aceitar sua nova situação, você ficará preso ao passado e não será capaz de tocar a vida.

MUDANÇAS FÍSICAS

Permita-se mudar de aparência se quiser. Corte ou tinja o cabelo, perca peso etc. Mas é preciso entender que essas mudanças não vão fazer de você uma pessoa totalmente nova. Porém, se algumas mudanças físicas forem positivas, poderão ajudá-lo a se sentir melhor.

SEM DRAMAS

Depois que a separação já se tornou realidade, tente evitar a lembrança de velhos conflitos. Dramas, brigas sem sentido e discussões não servem para nada. Abandone a luta de poder que dá espaço a cenas dramáticas, principalmente se vocês tiverem filhos.

REUNIÕES SOCIAIS E DE FAMÍLIA

Se sua família pode lhe dar apoio emocional, não se isole dela. Vá às reuniões e encontros familiares. Encare seu rompimento como algo natural e não tente escondê-lo. Se mostrar o rosto, você ficará mais forte. Não se deixe influenciar por comentários de pessoas que nada sabem sobre sua vida pessoal, mesmo que sejam parentes seus. Se prestar atenção nelas, você só vai encorajar todos a se meterem em sua vida. Só você pode programar sua mente para ser feliz a cada momento. Aproveite cada segundo. Não pense no futuro ou no passado – a palavra mágica é "agora".

FILHOS

Comunique a decisão a seus filhos assim que você e a outra pessoa estiverem de acordo sobre a separação. Falem juntos com eles. Expliquem a situação de maneira simples e clara, sem fazer acusações. É muito importante que os filhos compreendam que os pais estão se separando um do outro, mas não deles.

Quando tiverem feito os arranjos para visitas aos filhos, cumpra-os, assim as crianças não terão sentimentos excessivos de insegurança, desconfiança ou ansiedade. A adaptação à vida nova de filhos de pais separados será mais fácil se, no começo, a rotina for mantida o máximo possível. Mudar de cidade e de escola e deixar os amigos para trás será fonte de estresse adicional para todos. É muito importante que os pais pensem no bem-estar dos filhos em primeiro lugar.

Nunca impeça seus filhos de ver o pai ou a mãe só por pirraça. Não tem sentido fazer as crianças pagarem pelos conflitos entre você e a outra pessoa.

Não negligencie sua vida pessoal na tentativa de se tornar uma mãe ou pai perfeito. Dedicar toda sua energia aos filhos não é saudável para eles nem para você. Você não pode se casar com seus filhos.

Dê a eles tempo para cicatrizar as feridas, resolver as pendências do passado e superar as perdas antes de começar um novo relacionamento ou de apresentá-los a um novo parceiro ou parceira.

ESTAR SÓ

Passe algum tempo só. Aproveite. Uma pessoa que sabe ser feliz sozinha será capaz de ser feliz num novo relacionamento. Se você sabe viver sem companhia, não precisará pular nos braços da primeira pessoa que aparecer. Faça exatamente o que tiver vontade. Não importa se isso significa ficar deitado no sofá o dia todo vendo filmes antigos.

Você também pode entrar para um grupo de apoio a recém-divorciados ou de pessoas enfrentando situações difíceis. Comece uma nova atividade. Presenteie-se. Procure situações novas que lhe pareçam estimulantes.

Não se pressione demais para viver em êxtase o tempo todo nem para continuar com sua vida social como se nada tivesse acontecido. Se negar sentimentos de tristeza ou depressão, seu processo de recuperação será mais lento. Depois que você tiver se permitido sofrer, será um prazer sair novamente com os velhos amigos.

AMIGOS

Geralmente, os amigos de um casal separado decidem por conta própria com qual dos dois vão manter a amizade. Na maioria das vezes, isso não tem a ver com quem eles acham que tem razão ou com o motivo da separação. Eles se aproximam da pessoa com a qual têm mais afinidade. Nunca tente ganhar os amigos após a separação falando mal da outra pessoa.

SAÍDAS E PASSEIOS

Planeje como você vai passar seu tempo livre – fins de semana, aniversário etc. Considere não só onde, quando e o que vai fazer, mas também com quem. Provavelmente os primeiros eventos sociais depois do rompimento não serão do jeito que você imagina. Mas, quanto mais planejar as atividades, melhor será o resultado.

SEXO

Quando você sentir que está pronto para novas aventuras românticas, tente não confundir a necessidade de afeto com a de sexo. Tenha cuidado para não se decepcionar, mas aproveite o sexo. Permita-se experimentar novos sentimentos e expressar amor de novas maneiras, descobrindo a sensualidade que você dá e recebe no relacionamento com outras pessoas.

Leve o tempo que precisar para se restabelecer na vida. Tornar-se uma pessoa sexualmente ativa de novo não significa necessariamente entrar em outro relacionamento sério. Dê um tempo e pense em como quer viver a vida daqui para a frente. Pessoas felizes e satisfeitas consigo mesmas conseguem facilmente identificar a pessoa certa a quem dar amor, sem repetir os erros do passado.

Se estiver temporariamente morando com seus pais, explique à sua família que você tem o direito de namorar outras pessoas se quiser. Refira-se a essas pessoas como amigos. Não se abra demais com a família nem apresente a ela cada pessoa com quem você sai, até ter certeza de que o novo relacionamento é sério.

Os lugares perfeitos para encontrar um novo amor

Todo mundo tem o direito de reencontrar o amor. Cada novo encontro representa certo dispêndio de emoção e ansiedade quanto ao futuro. Não existe um código social fixo que determine quando, como ou onde demonstrar interesse em um novo parceiro ou parceira potencial. Tudo é possível. As perguntas-chave que você deve fazer são: O que estou procurando? O que estou disposto a arriscar nessa busca?

Haverá momentos e lugares em que você pode conhecer um novo amor ou fazer novos amigos. E, se souber o que está procurando e o que está disposto a arriscar, essa clareza lhe dará a vantagem de conhecer suas necessidades, projetar segurança e ter expectativas definidas e claras. O primeiro encontro e as conversas iniciais devem ser apenas uma oportunidade de conhecer a pessoa, sem nenhuma pressão. Experimente estas sugestões para aumentar as chances de conhecer gente nova:

- ♥ **Faça um curso sobre um assunto pelo qual você tenha grande interesse.** Mesmo que nada tenha a ver com sua carreira, você vai conhecer pessoas que têm inclinações parecidas com as suas.
- ♥ **Matricule-se numa academia ou clube.** Você pode fazer amizades, encontrar um novo parceiro ou parceira ou apenas conhecer gente interessante. E, se praticar esportes ou malhar na academia, você vai ficar em forma, desfrutar de uma nova vida social e preencher suas horas livres.
- ♥ **Fortaleça o espírito.** Vá a lugares que tenham significado espiritual para você. Pode ser uma igreja, templo, mesquita etc. Aprenda sobre religiões ou novas práticas espirituais que possam fortalecer sua ligação com a energia divina ou universal.
- ♥ **Viaje.** Faça um cruzeiro, ou vá a algum lugar onde possa conhecer outras pessoas. Há diversos *resorts* onde é muito fácil fazer novas amizades.
- ♥ **Entre na Internet.** Agradeça a Deus pela Internet! Eu poderia lhe contar minha experiência pessoal nessa área, mas precisaria de um livro só para isso. Entrei num *site* e – em parte de brincadeira, em parte como teste – postei uma foto minha e uma lista de meus *hobbies*. Foi assim que conheci meu marido. É incrível como o destino pode aproximar duas pessoas que moram tão longe uma da outra. Eu estava em Buenos Aires, e ele em Nova York. Com todos os relacionamentos que já tive na vida, sei que ele é definitivamente minha única e verdadeira alma gêmea. Tente – você não tem nada a perder.
- ♥ **Visite lugares culturais.** Arte e beleza aproximam as pessoas. Vá a museus e eventos culturais.
- ♥ **Ouça música ao vivo.** A música é uma força que pode domar as feras mais selvagens. Vá a *shows* e concertos que lhe interessem, mesmo que não tenha companhia.

- ♥ **Frequente eventos esportivos.** Se você gosta de um esporte, mas acha que não vai conhecer ninguém num evento desse tipo, eu lhe garanto que muitos casais se conheceram em eventos como corridas de carro, de cavalo etc.
- ♥ **Vá a todas as festas que puder.** Pode ser muito difícil ir a festas e eventos sociais quando você acabou de se separar. Mas a questão é: você pode conhecer alguém.

Experimente algumas dessas sugestões, ou todas elas. Tente, vá à luta. Você nada tem a perder. Deixe os medos e os preconceitos para trás e comece uma nova dieta do amor.

O novo parceiro ou parceira: depois do divórcio

O divórcio é provavelmente a mudança mais radical que se pode experimentar na vida. Representa uma oportunidade de se confrontar consigo mesmo, conhecer outras pessoas, dar nova ênfase a todos os tipos de relacionamentos pessoais e aproveitar a vida. A busca por um novo amor se torna mais interessante quando você se liberta dos velhos padrões. Você agora é um indivíduo independente e não deve sacrificar sua autoestima.

É bastante provável que, após o divórcio, você esteja interessado em encontrar outra pessoa. Pesquisas mostram que 60% das pessoas que se divorciam se casam novamente em cinco anos.

Certas coisas precisam ser cuidadosamente analisadas antes de você decidir se está preparado para um novo amor. Pergunte a si mesmo: "Estou realmente pronto para um novo relacionamento?" Estar "pronto" implica vários fatores importantes. Vá devagar. Conheça a pessoa gradativamente. Não se deixe intimidar e siga em seu próprio ritmo. Encontros curtos e casuais ajudam a superar o medo e a se acostumar com a nova situação. Afirme a si mesmo, a cada novo encontro, que suas expectativas negativas não se concretizaram.

É importante ter uma compreensão clara dos motivos pelos quais você deseja iniciar um novo relacionamento sério. Uma das piores motivações é combater sentimentos de solidão. Precisamos nos sentir completos com nós mesmos. Também devemos ser honestos e confrontar nossos sentimentos de frustração e carência.

Quando um novo relacionamento começa após o divórcio, velhas questões emocionais não resolvidas podem vir à tona. É muito comum que os problemas não resolvidos do relacionamento anterior retornem com o novo parceiro ou parceira. Se acha que isso pode acontecer com você, talvez seja uma boa ideia consultar um terapeuta para tratar de seus problemas antes de iniciar outro relacionamento sério.

É muito importante se dar um tempo para simplesmente curtir os amigos, os filhos, a família. Você precisa entender com total clareza por que deseja outra pessoa. Outro fator a considerar é a certeza de que você vai fazer o esforço necessário para que o relacionamento dê certo.

Se você encontrou uma nova pessoa e tem certeza de que dessa vez vai funcionar, desfrute, a princípio, a companhia dela nos fins de semana. Então, após passar diversos fins de semana juntos, vocês podem planejar um relacionamento mais permanente. Assim, você se sentirá mais confortável e confiante quanto ao futuro. O segredo é dar espaço e tempo um ao outro para se adaptar à nova relação e aos novos papéis que ambos assumirão.

Uma coisa a levar em conta é se a nova pessoa está satisfeita e realizada com a vida profissional. É muito importante – principalmente depois de um divórcio – procurar a companhia de pessoas positivas, que só tenham coisas a acrescentar à nossa vida.

Após se recuperar de uma separação, nunca pressione seu novo parceiro ou parceira a se comprometer. Tente detectar que nível de compromisso ele ou ela sente em relação a você. Sempre que você tenta forçar algo, está negando a possibilidade de a outra pessoa demonstrar de maneira espontânea o amor de que você precisa.

É muito importante que os parceiros avaliem conscientemente o próprio estado emocional e decidam se estão prontos para fazer as mudanças de vida que um compromisso sério exige, principalmente quando há filhos envolvidos. O casal precisa pensar se está disposto a assumir novos papéis na família, que exigem tolerância e flexibilidade.

Se você estiver iniciando um novo relacionamento, é importante que já tenha se recuperado totalmente da perda emocional do último, para não levar velhas feridas e amarguras ao novo. Caso esteja planejando se casar novamente, precisa aceitar seus novos familiares com todos os medos e reservas que eles possam ter. Precisa ser tolerante e lhes dar espaço e tempo para se adaptarem. E precisa compreender os sentimentos conflitantes que eles talvez tenham.

Quando duas famílias já formadas se unem, o problema mais comum é a dificuldade de identificar o lugar de cada pessoa na nova família. Que espaço na casa pertence a quem? A que lugar pertence cada pessoa? Quem determina as regras e impõe disciplina? Se você formou um novo relacionamento com uma pessoa que já tem um lar e filhos, esse é assunto crucial que precisa ser abordado.

Outro problema que pode surgir nesse tipo de família é o conflito de lealdades. Isso tem a ver com a responsabilidade que cada filho sente em relação aos pais biológicos. Eles precisam ser leais a quem lhes deu a vida. Numa família nova, mista, os filhos têm de aceitar o novo parceiro ou parceira do pai ou da mãe. Eles podem ter sentimentos do tipo: "Como posso aceitar a nova esposa de meu pai sem ser desleal à minha mãe?" Os filhos precisam compreender que padrastos e madrastas não são concorrentes dos pais, não os substituem.

Se você quer um novo relacionamento sólido, não pode deixar de lidar com as dificuldades logo que surgirem. Problemas, principalmente os mais importantes e delicados, precisam ser discutidos abertamente. Você precisa tratar o novo relacionamento como ele é: novo. Não tente impor a essa relação códigos de conduta do relacionamento anterior. E este não deve servir de guia para o que você deve ou não fazer. Cada relacionamento é diferente. O importante é que ambos os parceiros aceitem e compartilhem os sentimentos um do outro.

Todas essas sugestões vão ajudar você a formar um novo relacionamento que dê certo. Entenda que o amor é uma necessidade. Lembre-se de que a única pessoa que vai ficar com você até o fim é você mesmo. Seja sincero consigo. Você sempre estará ao seu lado. Conte com isso.

> ## *I*MPORTANTE
>
> Não se esqueça de praticar as técnicas apresentadas nas outras seções deste livro. Cada seção vai ajudar você a amar a si mesmo e aos outros. Essa é a razão de ser de *A dieta do amor*. Leia o livro, pratique as técnicas e compartilhe-as com os amigos. Essa dieta é para o corpo e para a mente. Ela vai abrir seu coração para o amor – aquele que flui até você e através de você.

18
TÉCNICAS INFALÍVEIS PARA CASAIS ESTRESSADOS

Você era feliz comigo?
Você se esquecia do estresse, do cansaço,
De seu chefe, das contas a pagar.
Porque o amor é realmente uma coisa
Tão linda que nada mais
Em todo o mundo, real ou imaginado, pode nos deter.

QUANDO O ESTRESSE ATACA O AMOR

O estresse é um desequilíbrio entre as exigências da vida – expectativas sobre o que precisa ser feito em nossa vida profissional e pessoal – e a percepção de que não somos capazes de fazer tudo isso. É uma condição que surge de uma crise entre as exigências sociais e as necessidades financeiras, de um lado, e nossa habilidade para lidar com elas, de outro. Em outras palavras, o estresse é um sentimento de inadequação, às vezes completamente subjetivo, diante das demandas da vida. Esse estado pode resultar em altos níveis de ansiedade, medo, exaustão mental e física, diminuição do desejo sexual etc.

A dieta do amor tem algumas sugestões para esses casos, que infelizmente são cada vez mais comuns. Veja os conselhos a seguir para estimular e ajudar o homem estressado, sem irritá-lo ou fazer exigências. Não se sinta rejeitada – tente entender que seu parceiro não é imune ao estresse, e todos estamos sujeitos a sentir a mesma coisa. O prazer sexual masculino é muito mais simples e menos romântico que o feminino. O homem pode ser sexualmente estimulado pelo contato com qualquer parte do corpo dele, embora todos saibam que a parte mais sensível são os genitais. Mas o que acontece quando ele está muito estressado?

Em meu programa de rádio, para a surpresa das ouvintes, afirmei o seguinte: Quando um homem está estressado, ele quer muito sexo. Diversos homens telefonaram para apoiar minha teoria e me agradecer pelos conselhos dados às mulheres. Inúmeros deles confessaram que estavam cansados da passividade da esposa nessa área. Os telefonemas de homens estressados foram tantos que o telefone não parou de tocar.

Para deixar um homem feliz, você não precisa ter nenhum conhecimento secreto ou saber técnicas exóticas. Se quiser dar a ele uma experiência inesquecível, é só preparar algumas coisas de antemão. Eis algumas sugestões:

- ♥ É importante que as mulheres parem de esperar que o homem as seduza, principalmente se ele estiver estressado. A mulher precisa saber tomar a iniciativa.
- ♥ Assim que ele chegar em casa, atraia sua atenção. Use uma blusa transparente sem nada por baixo.
- ♥ Vocês podem tomar uma ducha ou banho de banheira juntos, seguindo as sugestões apresentadas no capítulo 4, "A dieta da inteligência erótica".

♥ Use trajes provocantes e *lingerie* sexy – vermelha, se possível. Lembre-se: ele está muito cansado e até a cor pode estimulá-lo.
♥ Escolha uma parte de casa que tenha espelhos e leve seu parceiro até lá, segurando-o pela mão. Observe todos os movimentos e gestos dele pelo espelho. Injete voyeurismo na relação, sem a necessidade de nenhuma outra pessoa no local.
♥ Faça um *striptease*, seguindo as sugestões do capítulo "A dieta do *striptease*". Depois, diga a seu homem que você tem uma surpresa especial: cubra os olhos dele com uma venda, amarre as mãos dele com um lenço e diga que ele deve ficar parado, sem fazer nada. O importante aqui é o elemento-surpresa. Em seguida, massageie o corpo de seu parceiro usando uma boa loção – jasmim é um curativo poderoso para desequilíbrios emocionais e estimula a energia corporal, fortalecendo a ereção. (Releia o capítulo 3, "Carícia, abraço e beijo".)
♥ Faça uma massagem nele com alecrim. Os gregos e os romanos antigos acreditavam que o alecrim era uma planta sagrada, com poderes mágicos. Ele estimula as glândulas e o sistema respiratório, melhorando a energia sexual. (Tudo que for relacionado a melhora de energia é útil.) Se ele ficar excitado, vocês podem fazer amor ou continuar com a massagem, o que o deixará ainda mais excitado.
♥ Um banquete com alimentos afrodisíacos vai ajudá-lo a entrar no clima. Prepare uma bandeja de frutas com poderes afrodisíacos, como banana, abacaxi ou melão. Sirva com um delicioso vinho, bem refrescante.
♥ Alimente seu homem e derrame vinho sobre o corpo dele. Acaricie e beije o corpo de seu parceiro com paixão. A regra de ouro aqui é estimular constantemente as zonas erógenas dele, desde o começo.
♥ Lembre-se de que ele está exausto, cansado das tarefas diárias, mas quer um pouco de ação. Ele quer mais aventura e menos monotonia. O homem estressado precisa de um choque no organismo

provocado pela mulher, principalmente se ela for a típica amante latina, que sempre espera ser seduzida por ele.

♥ Você pode acariciar a pele dele, até morder e arranhar, e pode segurar e apertar os testículos com delicadeza, talvez enquanto faz outras coisas com a outra mão ou a boca.

♥ A maioria dos homens tem um orgasmo mais intenso se você apertar delicadamente os testículos no momento certo.

> ## *I*MPORTANTE
>
> A comunicação durante o sexo é importante. Diga tudo que lhe vier à cabeça que você sabe que vai deixá-lo excitado. O sexo fica mais estimulante quando é acompanhado de palavras. Quando você acariciar o pênis de seu parceiro, diga que ele é bonito. Os homens têm um medo secreto de que o tamanho de seu pênis não seja satisfatório para a parceira.
>
> Para o homem estressado e cansado, é bom experimentar novas posições sexuais. A mulher pode descobrir se é uma boa ideia assumir um papel mais ativo – a posição da amazona é uma das favoritas dos homens estressados. (Veja o capítulo 15, "A dieta do *Kama sutra* diário".)

A dieta do amor para mulheres estressadas

Quando a mulher fica estressada, os efeitos podem ser variados. Assim como o homem, ela pode se tornar hipersensível ou não querer falar. Pode chorar ou ter chiliques infantis, ou ficar totalmente exausta, sem vontade de fazer nada.

Os homens se estressam. Mas o que acontece quando a estressada é a mulher? Se ela tiver filhos então, tudo pode desmoronar em casa.

Isso não é apenas uma teoria. Infelizmente, a mulher que ficava em casa esperando o marido chegar do trabalho não existe mais. Agora, ela não só trabalha fora como geralmente ainda tem de fazer a maior parte das tarefas domésticas.

Quando a mulher está estressada, diferentemente do homem, ela chega rapidamente aos limites emocionais, e precisa, mais que tudo, do apoio do parceiro. Agora, homens, é a sua vez de ouvir com atenção e responder às seguintes perguntas:

1. **Quando sua parceira está estressada ou cansada demais, você acha que ela está ficando louca?**
Se você está assentindo com a cabeça, então deve ter um grande problema. Pelo menos com sua parceira.
2. **Os níveis de estresse dela parecem cíclicos, ou você sempre assume que ela está menstruada quando demonstra estresse?**
Se você respondeu afirmativamente, o problema é ainda mais sério.
3. **Você acha que ela perdeu o interesse por sexo com o passar dos anos, ou percebe que ela está apenas estressada?**
Se respondeu "sim" à primeira parte, então você não consegue se pôr no lugar dela, mesmo que seja sua esposa.
4. **Você acredita que sua mulher ou namorada tem o direito de se sentir cansada ou estressada às vezes?**
Se respondeu "sim", parabéns! Você consegue ter empatia com as pessoas.

As receitas apresentadas em *A dieta do amor* podem ajudá-lo a agradar sua parceira da forma como ela merece. Em contraste com o homem estressado, a mulher não precisa necessariamente de estímulo sexual para se sentir bem. As mulheres precisam de amor, compreensão, diálogo, respeito e tempo para relaxar. A mulher que sofre de estresse precisa de boa companhia e de alguém com quem conversar, pois, para ela, a conversa pode aliviar a ansiedade.

A primeira coisa que você precisa fazer é simplesmente estar com ela. Pergunte como ela está se sentindo. Descubra o que pode fazer para ajudá-la. Se ela não estiver com vontade de conversar, diga-lhe que relaxe, ofereça-se para fazer o jantar e as compras. O melhor momento para iniciar essa tática é na sexta-feira à noite, assim você pode prolongá-la pelo fim de semana.

Se puder, leve-a a algum lugar especial no sábado à noite, onde ela possa se distrair, mas onde não precise se arrumar toda para impressionar os outros. Um lugar onde ela não se sinta obrigada a arrumar o cabelo ou a usar maquiagem, porque essas preparações podem ser fontes de estresse também.

E, claro, use as técnicas descritas nos "Dezenove segredos essenciais para ser um amante latino" (página 45). Faça muitas massagens e carinhos nela, o máximo possível.

Não espere um encontro ardente nessas circunstâncias, apenas algo tranquilo e calmo. O sexo oral pode ser um grande meio de aliviar o estresse feminino. Se ela quiser, faça-o, mas não espere nada em troca. Simplesmente dê e receba prazer, sem necessariamente terminar em penetração. Isso vai ajudar a estimular a reação sexual dela. Você pode deixar uma mensagem carinhosa no celular dela, dizendo que a ama de todas as maneiras possíveis: "Você é meu sonho realizado", "Sinto sua falta, você é minha vida", "Amo você. Me ligue, querida".

Escreva uma carta de amor e deixe-a sobre a cama, na mesa da cozinha, grude-a no espelho do banheiro ou em qualquer outro lugar em que ela com certeza veja.

Se você seguir todas essas sugestões com amor e carinho, ela o amará para sempre. As mulheres se sentem culpadas quando ficam cansadas demais e não conseguem se doar ao amante como acham que deveriam. A culpa causa ainda mais estresse, e a mulher se vê presa num círculo vicioso. É por isso que esta dieta vai ajudá-la a se reequilibrar rapidamente.

Se os dois estiverem estressados

Arrume um tempo para se acalmar. Dê-se uma folga, mesmo que seja apenas por meia hora, para combater a ansiedade. Faça o exercício de relaxamento explicado na seção "A dieta do relaxamento mental", na página 239. Reserve um tempo na agenda para simplesmente relaxar. E arrume tempo também para fazer algo que você curta. Faça algum tipo de exercício físico – uma atividade moderada, mesmo que seja apenas meia hora de caminhada todos os dias, pode melhorar muito sua saúde e sua disposição. Pratique *A dieta do amor* todos os dias para manter a paixão viva e as chamas do desejo acesas.

Passo 4

O PODER DA AUTOESTIMA

19
A DIETA DO RELAXAMENTO FÍSICO, MENTAL E EMOCIONAL

Há um porto seguro dentro de mim,
onde todos os meus músculos podem relaxar.
Onde toda emoção respira tranquila
e todo pensamento flui livremente.
Nesse espaço interior, posso pensar em você e ficar centrada.
Agora, aqui, deste novo lugar onde estou,
Posso dizer com o coração aberto que amo você de verdade.

PARA MELHORAR SEU ESTILO DE VIDA

Se você quer que sua vida seja repleta de amor e energia rejuvenescedora, precisa reservar um tempo para relaxar e descansar em solidão. Praticando algumas técnicas de relaxamento, você poderá alcançar os mais altos níveis de tranquilidade, paz, alegria e felicidade.

O relaxamento se define como um estado corporal em que os músculos estão em repouso. Entretanto, para indivíduos que vivem em conflito com o parceiro ou parceira ou com outras pessoas, o estado de repouso não costuma ser acompanhado de uma experiência consciente de prazer.

O relaxamento é o estado natural dos seres humanos, mas não é o mais comum. À medida que a pessoa cresce e se desenvolve, as condições sociais a levam a viver num estado de constante tensão. Um método comum que as pessoas usam para evitar o contato com as próprias emoções é retesar inconscientemente os músculos. Com isso, formam-se áreas de tensão tão aguda que se convertem em uma "casca" dura, dificultando o amor.

O relaxamento é o exercício que recomendo fazer antes de qualquer visualização ou trabalho interior que vocês, como casal, possam querer. Você também pode fazer o exercício de relaxamento sem companhia, mas é mais eficaz se for realizado com a pessoa amada. Ele estabelece perfeitamente as bases para alcançar os objetivos da dieta do amor.

Alguns minutos de relaxamento todos os dias são vitais para manter a saúde física, mental e emocional. Estes são alguns dos benefícios da prática do relaxamento:

- ♥ Diminui a ansiedade.
- ♥ Melhora a habilidade de lidar com situações estressantes.
- ♥ Estabiliza o funcionamento cardíaco e respiratório.
- ♥ Fortalece o poder de concentração e a memória.
- ♥ Melhora a habilidade de aprendizado.
- ♥ Ajuda a manter um estado relaxado em situações de conflito ou discussões.
- ♥ Coloca a mente e o corpo em harmonia.
- ♥ Melhora a habilidade de reflexão.
- ♥ Estabiliza e fortalece as defesas do corpo.
- ♥ Melhora a capacidade criativa.

- Prepara-nos para lidar com pessoas "tóxicas" (aquelas que tentam nos fazer sentir mal).
- Facilita o pensamento positivo.
- Melhora a autoconfiança.
- Fomenta sentimentos positivos em relação aos outros.
- Diminui a pressão arterial.
- Melhora a circulação sanguínea.
- Melhora o fluxo de oxigênio ao cérebro.
- Aumenta a percepção consciente.
- Melhora a qualidade do sono.

A dieta do relaxamento mental

Este exercício de profundo relaxamento muscular reduz a tensão corporal e diminui a ansiedade, além de ajudar a identificar pensamentos automáticos. Para um excelente resultado, ele deve ser praticado de quinze a vinte minutos todos os dias, por pelo menos duas semanas.

O relaxamento progressivo se baseia em duas coisas. A primeira é a respiração apropriada, incluindo a respiração profunda – inspirar enchendo a parte inferior do abdome e expirar lentamente pelo nariz, após segurar a respiração por três segundos. A segunda consiste em progressivamente tensionar e relaxar cada grupo de músculos do corpo, um por vez. Há também uma forma mais curta que pode ser praticada por um período menor de tempo, a qual descreverei mais adiante.

A respiração é uma ferramenta fundamental para o corpo alcançar o estado adequado de relaxamento. Isso se aplica tanto ao lado físico (muscular) quanto ao mental (emocional). Há um vínculo direto entre pensamentos e emoções e o relaxamento dos músculos. É impossível relaxar a mente de forma plena se os músculos não estiverem relaxados, assim como é impossível relaxar o físico completamente se a mente não estiver relaxada.

Antes de começar a sessão de relaxamento, é preciso fazer a seguinte preparação:

♥ Estar num ambiente tranquilo.
♥ Ter certeza de que o telefone não vai tocar – desligue a campainha do aparelho ou tire-o do gancho.
♥ Garantir que ninguém entre no local.
♥ A temperatura deve ser confortável. É muito difícil relaxar quando o local está muito frio ou muito quente.
♥ A luz deve ser suave, como o pôr do sol.

Atenção: Se a sessão for interrompida por razões inevitáveis, não se levante rápido demais nem saia de maneira apressada do local de relaxamento.

POSTURA

A melhor posição para o relaxamento é deitar de costas no chão com os braços estendidos ao longo do corpo, as pernas ligeiramente separadas e os pés caindo para os lados. O corpo deve ficar o mais reto possível, e o pescoço, estendido e reto. A boca deve permanecer fechada, mas não deixe os dentes rangerem – o maxilar precisa estar relaxado. Fique de olhos fechados ou semicerrados.

TEMPO

Tente estabelecer um horário fixo diário para seu exercício de relaxamento, para que o corpo e a mente se acostumem com a rotina. A duração da prática deve ser inicialmente de quinze minutos. Posteriormente, você pode aumentar o tempo.

ROUPAS

Use roupas soltas e confortáveis, sem amarrações e apertos desnecessários, principalmente na cintura e no peito. Evite roupas com alças e faixas apertadas e sapatos desconfortáveis.

PREPARAÇÃO

Em primeiro lugar, é importante não fazer este exercício logo após as refeições. Espere pelo menos duas horas após ter comido, assim você não cairá de sono durante a prática.

1. Antes de praticar o exercício de relaxamento, tente se lembrar da última vez em que você e a pessoa amada brigaram. Com certeza você sentiu tensão, nervosismo ou irritação e, quando a briga terminou, estava num estado muito desconfortável, tanto mental quanto físico.
2. Deite-se numa superfície confortável, com as mãos sobre as coxas e os ombros relaxados. Traga à mente a lembrança de sua última briga. Lembre-se de onde você estava e do que provocou a discussão. Assista à cena como se fosse um filme exibido em câmera lenta. Após observar a cena na mente, preste atenção na reação de seu corpo. Concentre-se nele, da cabeça aos pés, como se uma pequena nuvem estivesse percorrendo-o devagar, passando pela cabeça, pescoço, ombros, braços, peito, tronco, cintura, pernas e, por fim, pelos pés. Essa nuvenzinha vai detectar áreas de alta tensão. Tente encontrar essas áreas, como se elas emitissem uma luz vermelha.
3. Quando tiver percorrido o corpo todo enquanto pensava na última briga que teve ou numa cena tensa, classifique cada grupo de músculos de acordo com a seguinte escala: 0 = nenhuma tensão ou dor; 1 = leve tensão ou dor; 2 = forte tensão ou dor; 3 = extrema tensão ou dor.

A ideia é conseguir controlar e relaxar o corpo diante das respostas automáticas que surgem durante as brigas. Você vai conseguir relaxar a mente e se abrir para um estado de calma e compreensão.

As toxinas físicas tendem a se acumular em áreas específicas e podem, por sua vez, gerar emoções negativas e pensamentos e ações automáticos. A seguir, veja uma lista das partes do corpo em que as tensões se acumulam com mais frequência. É importante ter esta lista em mãos para não esquecer nada enquanto você checa seus níveis de tensão.

1. Testa
2. Pálpebras
3. Nariz
4. Lábios
5. Maxilar
6. Língua e interior da boca
7. Nuca
8. Pescoço
9. Ombros
10. Peito
11. Parte superior das costas
12. Parte inferior das costas
13. Abdome
14. Antebraços
15. Pulsos
16. Mãos e dedos
17. Nádegas
18. Joelhos
19. Pés

Quando tiver percorrido o corpo inteiro e atribuído um valor numérico aos níveis de tensão de cada área, você poderá continuar o exercício. Agora você tem uma percepção melhor de seu corpo. Também compreende como suas tensões físicas estão diretamente ligadas a suas emoções tóxicas e respostas automáticas.

RELAXAMENTO PROFUNDO
1. Sente-se confortavelmente numa cadeira ou sofá, ou deite de costas na cama, com os braços estendidos ao longo do corpo. Se fizer

o exercício na posição sentada, firme a sola dos pés no chão e descanse as mãos sobre as pernas. Relaxe os ombros.
2. Feche os olhos (ou, caso se sinta mais confortável, deixe-os parcialmente abertos). Inspire pelo nariz, conscientemente dirigindo o ar para a barriga. Não solte o ar ainda... Conte mentalmente, devagar, 1... 2... 3... Agora expire lentamente, deixando o ar sair devagar pela boca.
3. Repita o passo anterior quatro vezes. Agora comece a percorrer os principais grupos de músculos do corpo que retêm tensão, para aprender a relaxar áreas específicas. Comece pela cabeça.
4. Erga as sobrancelhas o máximo que puder. Mantenha essa posição por alguns segundos. Concentre-se na testa, nas têmporas e no nariz. Tente detectar qualquer tensão. Agora, volte as sobrancelhas à posição original. Sinta como é bom liberar a tensão. Inspire fundo pelo nariz, segure a respiração... Conte até três... Agora expire pela boca. Repita estas palavras em sua mente: "Calma... relaxamento... paz..." Repita este passo mais quatro vezes.
5. Agora feche os olhos o mais apertado que conseguir. Note a tensão nas pálpebras, nos olhos e nas áreas em volta do nariz e da testa. Em seguida, solte delicadamente esses músculos. Observe como a tensão se dissolve, como é bom se livrar dela.
6. Volte mais uma vez a atenção para a respiração, inalando pelo nariz e levando o ar até a barriga. Conte devagar – 1... 2... 3... – antes de soltar o ar.
7. Faça este exercício respiratório sempre que sentir que seus níveis de tensão estão aumentando. Enquanto relaxa parte do corpo, lembre-se de algum confronto ou briga do passado que se transformou em tensão física.
8. Agora, retese os músculos da boca e dos lábios – como se forçasse um sorriso – com bastante força. Segure a tensão, depois a libere. Note como ela se dissolve. Continue respirando.
9. Agora pressione os dentes com força, uma arcada contra a outra. Deixe-os pressionados, depois os solte lentamente. Deixe a tensão

acumulada nessa área se desfazer. Desfrute os níveis cada vez maiores de relaxamento enquanto faz o exercício.
10. Faça o mesmo exercício com o resto do corpo, tensionando e relaxando o pescoço e os ombros. Retese os braços e relaxe-os, agora as mãos... Continue até chegar aos pés. Mantenha o mesmo ritmo de respiração que estabeleceu no começo.

CONSCIÊNCIA FÍSICA E EMOCIONAL

Este é outro exercício que recomendo que você pratique quando tiver dominado a prática anterior de relaxamento completo. Também é muito útil fazê-lo com a pessoa amada, para que um faça ao outro algumas das perguntas aqui apresentadas.

1. Depois que estiver relaxado, tente se lembrar de uma situação específica que tenha desencadeado uma resposta automática, que por sua vez deu início a uma briga. Observe sua expressão, postura e atitude.
2. Tente entender como seu parceiro ou parceira reagiu a seu comportamento. Coloque-se no lugar do outro. Tente ver se você reagiria de modo diferente. Faça a si mesmo as seguintes perguntas:

Por que eu começo discussões?
Por que reagi assim naquele momento?
Como vejo meu parceiro ou parceira?
Que postura meu corpo assume – defensiva ou agressiva?
Permito a meu parceiro ou parceira expressar livremente seus sentimentos?
Que parte do meu corpo fica tensa antes de uma briga?
Eu pré-julgo o que meu parceiro ou parceira diz?
Pressuponho que o que ele ou ela faz é óbvio?
Desvalorizo os interesses dele ou dela?
Só escuto meu diálogo interno?

Durante a briga, vejo a pessoa como alguém que amo ou como um inimigo?
Numa discussão acalorada, associo meu parceiro ou parceira a situações ou pessoas do meu passado?
Quero que meu ponto de vista predomine a qualquer custo?

3. Agora, imagine que você é uma testemunha da briga. Tente compreender o que está acontecendo e encontrar uma solução. Volte ao passo 3 e faça as mesmas perguntas, mas dessa vez como se fosse alguém de fora vendo duas pessoas discutirem. Fazer essas perguntas e encontrar as respostas é um exercício muito útil. Se fizer isso com a pessoa amada, obterá resultados muito positivos. Se vocês praticarem este exercício juntos, provavelmente serão capazes de reduzir a quase zero o nível de conflito e a energia negativa no relacionamento. Imagine que perguntas um observador objetivo faria se visse vocês brigando. Eis alguns exemplos:

O que está acontecendo nesse relacionamento? Por que eles não conseguem se comunicar sem brigar?
Que conselho eu daria a alguém nessa situação?
Qual é o modo mais prático e efetivo de analisar o que está acontecendo aqui?
Qual é a melhor maneira de aliviar essa tensão?
Como essa briga pode ser resolvida de maneira que ambos os parceiros se sintam respeitados?
O que pode ser feito para garantir que essa briga não se repita?
Como o relacionamento pode melhorar?
Como eles podem mudar os padrões tóxicos do relacionamento?
Que atitudes negativas devem ser mudadas?
O que eles podem fazer para não deixar o relacionamento acabar de vez?
O que ele ou ela pode fazer para garantir que o outro não desista do relacionamento?

O que eles podem aprender com essa experiência?

Use o tempo que for necessário para responder a cada uma dessas perguntas, como se você fosse uma pessoa de fora testemunhando uma briga, não um participante dela. Cada resposta vai ajudar você a enfrentar seus medos e suas respostas automáticas. Dessa forma, você vai aprender com a situação de maneira clara e simples.

Essas perguntas são apenas exemplos. Enquanto observa a si mesmo no filme de sua mente, talvez você seja capaz de formular perguntas mais precisas e relevantes à sua experiência específica e à sua personalidade. Quando você começar a ser mais sincero e aberto consigo mesmo, encontrará as respostas e as soluções para os problemas de seu relacionamento.

20
AMAR A SI MESMO: O MODO PERFEITO DE AMAR

Existe um amor tão grande que simplesmente acontece. É tão vasto que nos penetra e se move dentro de nós. Não é o amor por outra pessoa. Nem por si mesmo. É um amor além da mente. É o amor pela criação, pela vida, é o amor em si.

O AMOR PERFEITO

Agora que chegamos ao último capítulo de *A dieta do amor*, quero partilhar com você minha opinião sobre aquilo que considero a verdadeira base do amor – a autoestima.

Muito se escreve e se discute acerca desse assunto. Diversas teorias já foram desenvolvidas, que explicam como amar a si mesmo mais que qualquer outra pessoa, mais que seu parceiro ou parceira e mais que todo e qualquer indivíduo. Ame-se em primeiro lugar. O efeito de todas essas ideias é que a autoestima acabou confundida com a egolatria.

A autoestima foi interpretada erroneamente como autossuficiência e, nos piores casos, como um senso de onipotência.

> ### As pessoas me perguntam com frequência:
>
> "O que posso fazer para que determinada pessoa me ame?" Uma resposta pode ser: Ame a si mesmo e a pessoa o amará também. A resposta verdadeira é: Não faça nada para que determinada pessoa o ame. Apenas ame, faça os outros felizes, doe-se, acredite, aceite. Isso é AUTOESTIMA.

Autoestima: faça dela um canal para o amor

O amor está muito distante da mente. Ele ocupa outra dimensão, completamente diferente da dimensão mental. Por isso é tão difícil expressá-lo em palavras.

Quando comecei a escrever de forma sistemática, o tema que escolhi foi o amor. Eu tinha 14 anos e escrevia poesia. Queria expressar todos os meus sentimentos à pessoa que eu amava. Queria colocar em palavras o amor que eu sentia por ele. Precisava falar sobre minhas paixões, meus problemas, meus desejos e tudo que eu tinha para dar. O papel parecia queimar enquanto meu lápis corria sobre as páginas do caderno. Meu desejo era tão forte, minha paixão tão intensa que também escrevi para Deus. Quando escrevia para ele, era num tom de súplica, uma prece sussurrada, pedindo que alguém escutasse o que eu estava sentindo. Parecia algo avassalador e inexplicável.

Eu acreditava que o ato de escrever serviria, essencialmente, como uma espécie de ritual mágico. O amor fluiria de mim, e assim eu não o sentiria mais com tanta intensidade. O desejo se dissiparia um pouco. A paixão evaporaria um pouco também. Eu não estaria mais tão desesperadamente apaixonada. Sentia que em algum lugar, no fundo de meu ser, havia uma torrente de palavras que eu tentava transformar em poesia. Queria controlar a paixão e o amor que me dominavam.

Agora, muitos anos depois, escrevo sobre como amar, pois aprendi que não se pode falar do amor, só se pode aprender a amar. Quando escrevo agora, tento aprender mais para me comunicar melhor com amor. A única coisa que podemos fazer é aprender a amar todos os dias, deixando esse sentimento fluir até nós e através de nós.

Como podemos nos comunicar com amor?

O que podemos fazer para que o amor fale por meio de nós?

O que podemos fazer para que o amor aja por meio de nós, usando-nos como uma ponte?

É isso que venho tentando fazer desde que compreendi pela primeira vez que o amor é tão imenso que a única coisa que eu poderia fazer seria deixá-lo me trespassar.

Eis um exercício que você pode fazer. Relaxe usando os métodos descritos anteriormente. Quando tiver entrado no estado de relaxamento profundo, controle a respiração. Tente se concentrar no batimento cardíaco. Respire fundo, relaxe e faça a si mesmo estas três perguntas:

1. *O que estou pensando?* Tome consciência de todos os pensamentos negativos, irracionais e automáticos que você tiver. Tente simplesmente observá-los sem se envolver com eles, porque, se fizer isso, lhes dará poder. Tente encontrar as origens desses pensamentos – os automáticos vêm do medo de amar. Não tente substituir um pensamento por outro. Deixe-o passar, como uma onda. Assim como ele veio, deixe-o ir. Não se identifique com um pensamento negativo ou positivo – sabemos que o que é positivo para uma pessoa pode ser o exato oposto para outra. O que parece

incrivelmente importante e até transcendental em determinado momento da vida pode ser completamente insignificante em outro momento.

> ## *E*xercício
>
> Este é um exercício de visualização. Em estado de relaxamento, imagine que todo o céu é amor. Sei que é difícil imaginar o céu, porque ele é espaço vazio e cheio ao mesmo tempo. É o espaço cósmico que nos cerca.
>
> Mesmo assim, tente imaginar que um lindo céu noturno, cheio de estrelas, é o amor. Note que o ar é amor. Flutue para tocar o céu. Veja a luz brilhante de cada estrela e, enquanto voa delicadamente, sinta que está flutuando no amor. Sinta todo o amor e compreenderá que tudo se move de maneira perfeita. Flutue, gire e mova-se no amor; respire-o, inspire e expire puro amor.
>
> Encha seu ser interior com o amor perfeito à sua volta. Deixe-o dançar através de você. Repita este exercício três vezes por semana por cinco minutos. Se puder, faça-o todos os dias.

2. *O que eu sinto?* Nossos sentimentos são como flores delicadas. Quanto melhor compreendermos que sentimentos precisamos experimentar, mais honestos e abertos serão nossos relacionamentos. Antes de nos preocupar com o que as outras pessoas sentem em relação a nós, é importante compreender o que estamos sentindo e como nossas emoções fluem em nosso interior. Veja um resumo dos princípios-chave para guiar nosso bem-estar:

- ♥ Amor-próprio – ninguém pode julgar você nem você pode julgar os outros.
- ♥ Tente não prestar atenção nas opiniões alheias, que podem afetar o modo como você se sente consigo.

- ♥ Não ceda seu poder aos outros em troca de amor.
- ♥ Autocrítica gera energia negativa. Invista toda sua energia em avaliar suas ações e mudar ou eliminar o que não é necessário, sem pôr em risco seus sentimentos.
- ♥ Esteja ciente de que, quando as pessoas pedem, exigem ou procuram amor, precisam perceber que tipo de energia estão atraindo. Precisam ver o que trazem aos parceiros como resultado disso. Muitas pessoas atraem relacionamentos negativos porque têm medo de ficar sozinhas.

> ## *E*xercício
>
> Entre num estado de relaxamento, seguindo os passos explicados anteriormente. Imagine que o amor é o oceano. Viaje em suas ondas. Sinta-se relaxando em suas exuberantes águas salgadas. Note como a água toca sua pele, refrescando-a. Imagine que você é uma criancinha e nunca esteve no mar antes. Brinque nas ondas, siga-as, entregue-se a elas. Deixe seu corpo se unir ao oceano. Sinta-se abrir o coração a ele. As águas passam por seu coração e o purificam de todas as feridas do passado. A água limpa suas veias dos abusos, das decepções amorosas e dos mal-entendidos. Às vezes, fazemos automaticamente acordos negativos com as pessoas. Esses acordos velados são instigados pelo medo. Desfaça qualquer acordo ou arranjo negativo pré-existente. Deixe as águas do amor lavarem todas as áreas de sua vida, todas as partes de sua existência.
>
> Imagine seus relacionamentos totalmente limpos e transparentes. Visualize sua vida em perfeita harmonia com o amor. Faça este exercício durante cinco minutos todos os dias. Se estiver passando por algum problema específico em seu relacionamento, faça-o duas vezes por dia.

3. *O que eu faço?* Toda ação harmoniosa se multiplica. Essa é uma lei universal. O amor é como um eco – sempre volta. Os exercícios

explicados na primeira parte deste livro devem ser praticados pelo casal. Cada exercício, técnica, receita e dieta foi formulado para nutrir vocês de amor.

*E*xercício

Visualize um campo de rosas, árvores frutíferas e flores perfumadas. Pássaros cantam, borboletas voam por toda parte. Observe-se caminhando por esse lugar mágico e lindo. Imagine que é o paraíso. Veja todas as pessoas ao seu redor, todas se amando mutuamente. Elas se respeitam e se importam umas com as outras. Você está se sentindo cada vez melhor, mais feliz por participar dessa grandiosa festa de amor. Colha uma fruta e coma-a. Enquanto a mastiga, sinta que ela é puro amor. Essa fruta vai lhe dar energia e estimular seu corpo. Sua imaginação vai se expandir. Essa fruta, com seu doce suco, vai limpar de você todo o medo. A energia desse campo mágico lhe trará iluminação, aumentando seu magnetismo pessoal, sua atração e seus poderes de sedução. Você se sentirá forte e revigorado. Você está pronto para amar. Faça este exercício de manhã. À medida que aprimorar a habilidade de entrar em estado de relaxamento, você verá que é cada vez mais fácil obter os resultados desejados. Os três componentes dessa prática são pensamento, sentimento e ação. Estão inter-relacionados de maneira que, quando trabalhamos um, melhoramos os outros dois.

A autoestima, definida como a canalização do amor total, permite às pessoas se tornarem seres humanos plenamente realizados e desenvolverem ao máximo seu potencial divino.

VOCÊ É ÚNICO, POR ISSO O UNIVERSO O AMA

Ninguém pode tomar seu lugar. Se você não existisse, o amor sentiria sua falta. Todo o universo sentiria. As estrelas, o céu, as árvores, as flores, os pássaros, a terra. O cosmos sentiria um vazio que ninguém mais poderia preencher. Ninguém a não ser você. Quando você perceber que é um ser precioso, brilhante, um tesouro infinito, sentirá o imenso amor que se move dentro e através de você. Esse é o verdadeiro amor que lhe permitirá abraçar o mundo inteiro.

O CONTRATO DA DIETA DO AMOR CONSIGO MESMO

Enquanto os alquimistas tentavam transformar metal em ouro, os buscadores espirituais tentavam provar que o espírito habita todas as coisas. Os cientistas podem explicar a razão da existência de cada célula e de cada espaço vazio. Os médicos podem curar o corpo. De minha parte, escrevi estas palavras para que você se alimente com a dieta do amor.

O sucesso de qualquer dieta depende de seu comprometimento com ela. A dieta do amor termina com um compromisso. Você não pode amar uma pessoa sem conhecê-la. Não pode amar alguém que não tem nada a lhe ensinar. Não pode amar alguém que o magoa. Você pode se comprometer a seguir uma dieta para o corpo porque sabe em que forma gostaria de estar e que aparência gostaria de ter. Mas não sabe qual é seu estilo de amor, quanto pode amar. E é isso que você deve se perguntar após ler este livro. Em contraste com outros tipos de dieta, antes de decidir o que fazer, é preciso praticá-la.

Há uma coisa que você precisa saber – amor não é relacionamento. O amor é para sempre. Os relacionamentos precisam ser alimentados e nutridos, do contrário eles morrem. Passam por maus bocados e são arruinados se você não lhes der a atenção e os cuidados necessários na hora certa. É para isso que serve a dieta do amor – ela lhe fornece todos os ingredientes que devem estar sempre à mão. Você precisa ter o conhecimento para combinar todos os elementos fundamentais nas proporções certas, como um alquimista. Precisa conhecer seu corpo e o corpo da pessoa amada, como um cientista ou um médico, seguindo a dieta do amor.

Você precisa reconhecer o sagrado no amor e em cada ação do relacionamento, como um guru espiritual.

Todos os dias, escreva e assine uma carta de compromisso consigo mesmo.

Eu, (seu nome), prometo fazer hoje, (data de hoje), a dieta do amor.
Ela me ajudará a...
Vou conseguir...

Meu parceiro ou parceira, (nome da pessoa), me ama porque eu compreendo que...
Prometo dar...   e receber...
Preciso sentir...
Preciso mudar...
Gostaria de melhorar...

Eu, (seu nome), sou o único canal pelo qual este amor pode passar.
Eu, (seu nome), gostaria de...   para crescer, evoluir
e dar amor.
Eu, (seu nome), tenho todas as ferramentas para ser feliz e prometo, hoje, viver o amor plenamente.

Assinatura: Data:

Se você fizer esse compromisso sincero consigo mesmo, atrairá pessoas boas para sua vida, pessoas dedicadas a fazer do mundo um lugar melhor. Sugiro que você faça o mesmo que eu. Todos os dias, comprometo-me por escrito. Às vezes mudo algumas linhas. Envio o contrato assinado a mim mesma por *e-mail* todos os dias, para me lembrar dele sempre que verificar minhas mensagens (e faço isso umas trinta vezes por dia). Se fizer isso, você abrirá sua vida para o amor e a alegria. Seus ideais ficarão claros, e você estabelecerá padrões para si mesmo. A vida será mais simples. Você terá toda a energia de que precisa. Olhará no espelho e se sentirá uma pessoa amada e reconhecida. Sentirá mais amor-próprio. E, o mais importante de tudo, olhará para os próprios olhos e verá a alma de uma pessoa amada e cheia de amor. Encontrará um porto seguro, sentindo-se em casa onde estiver. O mundo inteiro lhe dará boas-vindas.

Você será um modelo de amor. E o amor lhe dará forma, como uma bela escultura, a cada dia. Você sentirá o doce néctar do amor fluindo através de seu ser.

Uma Confissão da Autora

Cada livro é uma experiência de aprendizado. Enquanto escrevo, aprendo mais acerca de mim mesma e de você. Gosto de expressar isso em poesia, porque é assim que os mestres zen alcançam um nível mais alto de entendimento, aproximando-se da iluminação. Eles recebem toda a pura beleza da luz do amor por meio de um poema. Aprendi isso com um mestre zen, em um curso que fiz recentemente. Mas, enquanto estava escrevendo *A dieta do amor*, eu não sabia disso ainda, embora sempre tenha incluído um poema na conclusão de meus livros anteriores.

Assim, hoje, para cumprir meu compromisso com a dieta do amor, declaro de coração aberto: Eu, Mabel Iam, ofereço este poema a você, caro leitor ou leitora, como demonstração de meu amor. Espero que ele lhe traga alegria e que eu tenha tocado seu coração.

Adoro ser humana.
Porque posso ver meu marido rir.
Porque posso ajudar um idoso a atravessar a rua.
Posso brincar com uma criança.
Posso tocar outro ser humano.

*Posso beijar e sentir a maciez
Da pele de meu amado, todos os dias.
Posso ser um anjo, mas os Anjos
Não podem fazer o que eu faço.
É por isso que adoro ser uma pessoa normal.
Um dia vou morrer, e ainda assim permanecerei viva para sempre
No coração de outro ser humano.*

Mabel Iam

Glossário

As palavras-chave utilizadas neste livro, em ordem alfabética, para referência rápida e melhor compreensão.

A

Afeto: Padrão de comportamentos observáveis que expressam sentimentos (emoções) experienciados subjetivamente. Exemplos de afeto: tristeza, felicidade, raiva. A exibição de afetos varia não só de uma cultura para outra, mas também dentro de uma cultura específica.

Afrodisíaco: Qualquer substância ou objeto que aparentemente aumenta o desejo sexual. Alguns afrodisíacos são ingeridos sob a forma de alimentos, bebidas, remédios e "poções do amor", enquanto outros agem diretamente sobre os demais sentidos (visão, tato, olfato e audição).

Agressividade: Estado emocional que consiste em sentimentos de ódio e desejo de fazer mal a pessoa, animal ou objeto. Qualquer forma de comportamento que pretenda ferir alguém física ou psicologicamente.

Alma: Conceito filosófico que define a essência humana imutável. Para alguns, é apenas nossa psique, ou o espiritual dentro de nós. No entanto, a ideia de que os seres humanos são uma combinação de corpo e alma tem cedido espaço à noção da pessoa como um todo indivisível. Por muito tempo, a sexualidade ficou restrita ao físico, e a alma não desempenhava nenhum papel nesse aspecto. A distinção entre amor puro e amor erótico se fundamenta nessa ideia.

Alquimia: As teorias e práticas dos antigos químicos, precursoras da química moderna. Era realizada por propósitos místicos e filosóficos.

Angústia: Estado de grande atividade emocional caracterizado por um sentimento de medo ou apreensão. Clinicamente, a angústia é definida como a reação temerosa a um perigo desconhecido e obscuro. Também é usada como sinônimo de ansiedade, ou em referência à manifestação mais extrema da ansiedade.

Anjo: Em grego, anjo significa "mensageiro". Os anjos na Bíblia são intermediários na comunicação entre Deus e os homens. Desde a Idade Média, esta palavra tem sido usada em referência a seres criados, superiores ao homem, "espíritos puros". O anjo é também o arquétipo interior que transcende a personalidade. É a energia criativa, abrangente, divina e, ao mesmo tempo, protetora dos seres humanos.

Ansiedade: Receio antecipado de sofrer um infortúnio no futuro, junto com sensação de medo ou sintomas somáticos de tensão.

Arquétipo: Segundo Carl Jung, imagem inata ou expressão que todas as pessoas compartilham. Reside no inconsciente coletivo e equivale ao instinto nos animais.

Associação: Processo mental pelo qual uma ideia é espontaneamente associada a outra.

Atitude: Disposição de uma pessoa para responder a um estímulo de determinada maneira, após avaliá-lo como positivo ou negativo.

Aura: Emanação, geralmente colorida, que pode ser percebida por alguns clarividentes em volta do corpo humano, e às vezes de animais e plantas. Na metafísica, a aura é a vibração luminosa em torno de todos os seres vivos, que pode ser percebida por pessoas muito sensíveis. A aura humana é o complemento do corpo físico e personifica três tipos de energia: física, astral e mental. Existe um aparelho que capta essa energia, a câmera Kirlian.

Autoconfiança: Característica de comportamento que implica comportamento social positivo para defender um direito ou alcançar uma meta.

Autoerotismo: Masturbação; estimulação sexual do próprio corpo.

Auto-observação: Mecanismo pelo qual a pessoa pondera sobre seus sentimentos, pensamentos, motivações e comportamentos, e age de acordo.

Autossugestão: Processo geralmente inconsciente pelo qual a pessoa se convence de algo.

B

Beijo: O contato com a boca e os lábios por meio do qual se realiza uma aproximação sexual ou afetiva. Nem todas as culturas usam esta prática. Uma prática substituta é cheirar o corpo um do outro. Sexualmente, o beijo faz parte das preliminares, além de ser uma forma fundamental de excitação erógena. Pode ser um simples toque suave entre duas bocas ou entre a boca e o corpo da outra pessoa. Beijos sexualmente carregados são direcionados às zonas erógenas, e a língua e os dentes têm papel importante.
Beijo francês: Beijo no qual a língua é inserida na boca da outra pessoa.
Beijo negro: Beijo no ânus.
Brinquedos eróticos: Qualquer objeto usado nas preliminares para aumentar o prazer.

C

Clímax: Pico de um período harmônico, alcançado gradualmente. Neste contexto, é associado à culminação do prazer sexual (orgasmo).
Clitóris: Órgão cilíndrico situado na interseção dos pequenos lábios vaginais. É coberto por uma pele, semelhante ao prepúcio no homem. Compõe-se de tecido sensível que fica ereto quando estimulado, devido ao aumento do fluxo sanguíneo nas artérias locais e à diminuição do escoamento de sangue pelas veias. A estimulação do clitóris é fundamental para ajudar a mulher a atingir o orgasmo.
Coitus interruptus: Prática de retirar o pênis da vagina antes da ejaculação. Como método contraceptivo, produz tensão psíquica e não é muito confiável, pois a secreção das glândulas bulbouretrais, que precede o sêmen, também contém espermatozoides.
Comportamento: Reação global de uma pessoa a diferentes situações.
Comportamento instintivo: Comportamento inato, considerado superior ao reflexo, que abrange um complexo repertório e depende do amadurecimento, não do aprendizado.
Comportamento social: Qualquer forma de comportamento que implique interação entre dois ou mais seres humanos.
Compulsão: Repetição desnecessária de ações, derivada de um sentimento de necessidade incontrolável. É diferente do delírio, pois a vítima de compulsão sabe que seu comportamento é absurdo.

Condicionamento: Tipo de aprendizado pelo qual o comportamento de um organismo tem impacto imediato sobre o ambiente imediato. O organismo "opera", por assim dizer, de acordo com o mundo ao seu redor.
Conflito: Presença simultânea, na mesma pessoa, de duas ou mais motivações contraditórias com o mesmo grau de intensidade.
Confusão mental: Diminuição da consciência, desde um leve entorpecimento até um estado de estupor.
Consciência: Estrutura de personalidade em que os fenômenos psíquicos são plenamente percebidos e compreendidos pela pessoa.
Criatividade: Processo intelectual caracterizado por originalidade, espírito de adaptação e possibilidade de realização concreta.
Crise de angústia: Súbito ataque de ansiedade, na fase mais intensa. A crise típica geralmente surge de repente, sem sinais anteriores. Os pacientes sentem como se estivessem prestes a morrer. A intensidade do sofrimento é equivalente ao de uma pessoa que sabe que vai ser morta. É acompanhada de sintomas físicos de pânico: arritmia cardíaca, palpitação, respiração acelerada, sensação de sufoco ou falta de ar, náusea ou dor de estômago, tontura, fraqueza ou confusão, palidez, pés e mãos gelados, sensação de opressão no peito que às vezes chega a doer, suor, sensação de amortecimento, medo de perder o controle ou de enlouquecer e medo de morrer.
Culpa, sentimento de: Experiência dolorosa que deriva de uma sensação mais ou menos consciente de ter violado regras éticas pessoais ou sociais.
Cunilíngua: Estimulação dos genitais femininos (incluindo clitóris, lábios e vagina) pela boca, os lábios e a língua de outra pessoa. É uma prática usada para fins de estimulação, como parte das preliminares ou como meio de atingir o orgasmo.

E

Ego: Afirmação consciente do homem como ser racional.
Egoísmo: Afeição excessiva por si mesmo, na qual a conveniência própria é considerada superior a qualquer outra coisa.
Ejaculação: Expulsão do sêmen pelo pênis.
Ejaculação precoce: Distúrbio sexual no qual o homem ejacula antes ou imediatamente após introduzir o pênis na vagina da parceira.
Emoção: Estado afetivo, reação subjetiva ao ambiente. É acompanhada de mudanças orgânicas (fisiológicas e endócrinas) de origem inata, influencia-

das por experiências e necessitadas de ajuste. Refere-se a estados interiores, tais como o desejo e a necessidade que direciona o organismo. As categorias básicas de emoções são medo, surpresa, aversão, raiva, tristeza e felicidade.

Empatia: Estado mental por meio do qual a pessoa se identifica com outro indivíduo ou grupo, partilhando o mesmo estado emocional e disposição.

Espaço vital: O espaço físico e psíquico de que todos os seres vivos precisam para seu desenvolvimento normal.

Estresse: Qualquer exigência que produza tensão em uma pessoa e sinalize a necessidade de mudança ou ajuste da parte dela.

Eu individual: O eu superior, espírito ou ego; a entidade ou centelha divina indestrutível que reencarna ou renasce em sucessivas vidas no plano material.

Eu pessoal, ego: O ego inferior e mortal. Segundo Freud, é o princípio da realidade. Tem total percepção e funciona como um teste de realidade, verificando os desejos e impulsos que vêm do id. Sua tarefa é a autopreservação, para a qual usa todos os mecanismos psicológicos de defesa.

Eu superior: O espírito divino supremo, o raio de luz inseparável do eu universal, a coroa da tríade superior no homem.

Expressão: Dizer com palavras; demonstrar pensamentos ou impressões por meio de olhares, gestos ou atitudes; exibir como um artista, com vivacidade e precisão, os efeitos de uma situação.

F

Fantasia: Atividade livre de pensamento por meio da qual as premissas e conclusões ignoram a realidade. Em termos sexuais, situações ou eventos que são produto da imaginação e envolvem pessoas reais ou imaginárias.

Feromônios: Substâncias químicas produzidas pelos animais para se comunicar por meio do cheiro. Não há provas de que os seres humanos as produzem, mas é razoável pensar que sim. De acordo com o doutor Alex Comfort, da Universidade de Londres, todos nós temos os órgãos e as glândulas necessários para criar e receber feromônios, mas talvez, no processo de evolução, tenhamos perdido a capacidade de responder a eles.

Fetichismo: Forma de comportamento sexual compulsivo em que a manipulação de um objeto inanimado ou de uma parte do corpo humano, que não os genitais, é necessária para a satisfação sexual.

Fobia: Sensação persistente e irracional de medo de determinado objeto, situação ou atividade (o estímulo fóbico), que produz um desejo incontrolável de evitá-lo. Isso faz com que a pessoa fóbica evite o estímulo ou o encare com grande terror.
Frustração: Situação em que a pessoa encontra um obstáculo que a impede de satisfazer um desejo ou alcançar uma meta.

G

Grandes lábios: As duas dobras cutâneas externas em volta dos pequenos lábios, da abertura vaginal e da uretra (o tubo que transporta a urina). São macios, cobertos de pelos e feitos do mesmo tecido que o escroto masculino. Estendem-se até a região anal.

H

Hábito: Tendência a agir de maneira mecânica, principalmente quando o hábito foi adquirido por meio de exercícios ou da experiência. Caracteriza-se por grande domínio sobre a pessoa e pode ser realizado automaticamente.
Hipnose: Estado de alteração da consciência induzido numa pessoa aberta a isso. Caracteriza-se pelo estreitamento do foco e pelo aumento da sugestionabilidade.
Humor: Estado mental generalizado e persistente que influencia nossa percepção do mundo. Os humores típicos são depressão, felicidade, raiva e ansiedade.

I

Identidade: Conceito claro e distinto de si.
Identificação: Mecanismo psíquico inconsciente pelo qual a pessoa é levada a se comportar, pensar e se sentir como alguém que ela vê como modelo.
Imagem: Representação mental de um objeto, pessoa ou evento.
Imaginação: Habilidade de conceitualizar na mente objetos, pessoas e situações que não estejam presentes no mundo real.
Imaturidade: Desenvolvimento afetivo insuficiente que pode ser experimentado por indivíduos cronológica e intelectualmente adultos.
Impressão: Visão imediata ou opinião geral de qualquer fato relacionado a outra pessoa.
Impulso: Tendência a agir sem pensar. O oposto do ato de vontade.

Impulso afetivo: A tendência inata pela qual um organismo anseia pelo contato físico ou emocional com outro.
Impulso biológico: Conjunto de motivadores inatos de comportamento que refletem as necessidades dos órgãos e processos fisiológicos do corpo.
Inconsciência: Estado em que nossa habilidade para perceber e agir conscientemente é anulada. O estado mais profundo de inconsciência é o coma.
Inconsciente coletivo: Segundo Jung, conjunto de ideias e lembranças pertencentes a toda a humanidade e que são produto da memória coletiva, após as experiências de inúmeras gerações.
Inibição: Falta ou diminuição de certos tipos de comportamento, principalmente o agressivo.
Inteligência: Em termos gerais, capacidade mental de compreender, lembrar e usar o conhecimento de maneira prática e construtiva em situações novas.
Intimidade: De acordo com teorias transacionais, é um estado de proximidade emocional a outra pessoa, caracterizado pela ausência de manipulação e pela presença de comunicação autêntica.
Intuição: Forma de conhecimento direto caracterizado por imediação e simultaneidade.

L

Lésbica: O uso desta palavra remonta ao século XIX. Refere-se a tempos remotos, por volta de 600 a.c., quando a grande poetisa Safo viveu na ilha grega de Lesbos. Safo escrevia sobre amizade e amor entre mulheres. Lésbica é a mulher que se sente atraída por outras mulheres. Os gregos antigos acreditavam que o amor homossexual era a forma mais elevada de amor. Na antiga cidade-Estado grega de Esparta, por volta de 1.000 a.C., casais masculinos eram colocados no mesmo pelotão, pois lutariam com mais intensidade para impressionar o amante. O exército espartano era um dos mais poderosos e temidos da Grécia antiga.
Libido: Sigmund Freud usava este termo para se referir ao instinto que produz uma resposta sexual. Sua tese era de que, além de fomentar a procriação, esta força poderosa determina grande parte do comportamento humano.
Linguagem corporal: Forma não-verbal de comunicação realizada por meio de gestos, movimentos etc.

Lubrificante: Substância usada para aumentar as secreções naturais do corpo ou diminuir a fricção durante o contato corporal. É melhor usar produtos à base de água, com fórmulas específicas para os genitais, pois são seguros para ser usados com preservativos, diafragmas e outros objetos de borracha.

Magnetismo: Uma das formas de energia universal que permeia todo o cosmos, desde as mais ínfimas partículas até os planetas.

Masoquismo: Orientação sexual em que a pessoa sente prazer sexual por meio da dor física e psicológica.

Mecanismo de defesa: Processo psicológico automático que protege a pessoa da ansiedade e de ameaças ou perigos internos ou externos. Os mecanismos de defesa agem como mediadores diante do conflito emocional e das ameaças externas. Alguns, como a projeção, a dicotomização e a dissimulação, são quase sempre mal-adaptativos. Outros, como a supressão e a negação, podem ser adaptativos ou mal-adaptativos, em função de sua seriedade, inflexibilidade e do contexto no qual se desenvolvem.

Meditação: Processo mental pelo qual a pessoa atinge seu eu mais profundo.

Medo: Reação emocional diante de um perigo conhecido no estado de consciência.

Memória: Reprodução de algo já vivido ou aprendido.

Motivação: Conjunto de motivos envolvidos em um ato de vontade. De acordo com suas origens, as motivações podem ser fisiológicas e inatas (fome, sono) ou sociais. Essas últimas são adquiridas durante a socialização e formadas em função de relacionamentos interpessoais, regras e instituições sociais.

Motivo: Estado interior pressuposto de um organismo, cujo objetivo é explicar suas escolhas e seu comportamento. Do ponto de vista subjetivo, é um desejo.

N

Negação: Mecanismo de defesa por meio do qual os aspectos da realidade considerados desagradáveis são rejeitados. A pessoa enfrenta conflito emocional e ameaças internas e externas, negando o reconhecimento de aspectos dolorosos da realidade exterior ou experiências subjetivas que são claras para os outros. O termo "negação psicótica" é usado quando a capacidade de perceber a realidade é totalmente afetada.

Obsessão: Erupção de uma ideia, sentimento ou tendência contrária ao pensamento consciente que aparece na pessoa e persiste, apesar de seus esforços para se livrar dela.
Ódio: Emoção reativa a uma pessoa ou experiência que magoa ou representa ameaça.
Orgasmo: O clímax da excitação sexual. Caracteriza-se por sensações profundas de prazer e contrações musculares rítmicas e involuntárias. No homem, o orgasmo vem com a ejaculação do sêmen.
Orgasmo múltiplo: Diferentemente do homem, a mulher pode ter mais de um orgasmo sucessivo. É mais comum experimentar o orgasmo múltiplo durante a masturbação ou o sexo oral. Assim, pode-se dizer que a estimulação direta do clitóris aumenta a possibilidade de atingir o orgasmo múltiplo. Em teoria, todas as mulheres podem ter essa experiência, mas fatores culturais e psicológicos podem ser importantes. Para algumas mulheres, a estimulação contínua do clitóris é desconfortável.
Orientação sexual: A atração erótica e emocional de uma pessoa por outra do mesmo sexo, do sexo oposto ou por ambos.

Pânico: Episódio agudo de ansiedade caracterizado por medo intenso e irracional.
Papel: Na psicologia social, papel é a personalidade pública de cada pessoa, isto é, o papel mais ou menos previsível que a pessoa desempenha para se ajustar à sociedade da qual faz parte.
Pênis: Órgão genital masculino. É composto de um corpo cilíndrico com uma ponta piramidal, chamada glande. Cada homem tem um tipo e um tamanho diferente, que também varia se o pênis está ereto ou flácido. O tamanho nada tem a ver com a potência sexual.
Pensamento: Termo genérico usado para indicar um conjunto de atividades mentais, como raciocínio, abstração, generalização etc., cujo propósito é, entre outros, a solução de problemas, a tomada de decisões e a representação da realidade externa.

Pequenos lábios: As duas dobras cutâneas situadas no interior dos grandes lábios. São finos e não têm pelos. São feitos de tecido equivalente ao do pênis. Contêm numerosas terminações nervosas, muito sensíveis. Como no pênis, o sangue flui em direção a eles durante a estimulação sexual.

Percepção: Função psíquica que permite ao corpo receber e elaborar informações externas que chegam por meio dos sentidos e organizá-las num todo significativo.

Personalidade: A estrutura psíquica de cada pessoa; o modo como uma pessoa se revela por seus pensamentos, expressões, atitudes, interesses e ações. É um padrão constante de percepção, relação e ideias acerca do ambiente e de si. Os traços de personalidade são aquelas características marcantes que se manifestam numa variedade de contextos sociais e culturais relevantes. Só se tornam um distúrbio quando são inflexíveis e mal-adaptativos e produzem sentimento de desconforto ou déficit funcional significativo.

Personalidade passivo-agressiva: Mecanismo de defesa pelo qual a pessoa mostra sinais de agressividade em relação aos outros de maneira indireta ou dissimulada. Há uma máscara externa de submissão, mas ela esconde resistência, ressentimento e hostilidade.

Pesadelo: Sonho assustador e angustiante, sem nenhuma relevância patológica, a menos que seja muito intenso e recorrente.

Plano espiritual: Relaciona-se à divindade invisível, ao poder vivo, à força animadora, à essência interior, à essência da vida, ao princípio animador ou ao espírito.

Plano físico: Coisas, forças e manifestações materiais, incluindo tudo que chamamos de matéria (sólida, líquida ou gasosa) e todas as formas de energia ou força (divididas em subníveis, como calor, luz, magnetismo, eletricidade e atração, incluindo gravidade, coesão e afinidade química).

Plano mental: Compõe-se daquelas coisas bem conhecidas por nós em nosso dia a dia que são invisíveis aos cinco sentidos. Divide-se em subníveis de acordo com o nível de desenvolvimento da inteligência, incluindo sentimentos e pensamentos.

Ponto G (ponto de Gräfenberg): Pequena área na parede interna da vagina que pode produzir orgasmo quando devidamente estimulada. Entretanto, nem todas as mulheres a têm. A reação do ponto G é uma sensibilidade aguda que leva ao orgasmo e, em algumas mulheres, a um tipo de ejaculação. Há relatos de que, a cada cinco orgasmos relacionados ao estímulo do ponto G, só um incluiu ejaculação.

Preconceito: Atitude, crença ou opinião não baseada em informações ou experiências suficientes para nos levar a uma conclusão objetiva. Literalmente, significa julgamento anterior à avaliação.

R

Reconhecimento: Habilidade de identificar determinado número de elementos num conjunto previamente conhecido.
Reflexo: Resposta orgânica, espontânea, não aprendida.
Relaxamento: Estado de distensão muscular usado em psiquiatria para que o paciente seja capaz de expressar seus conflitos de forma aberta.
Repressão: Mecanismo de defesa que impede que lembranças, desejos e impulsos conflitantes se tornem conscientes.
Repressão sexual: Conjunto de atitudes cujo intuito é impedir a manifestação plena e livre da sexualidade, por meio de regulamentos morais ou legais rígidos e restritivos.
Resistência: Indisposição inconsciente, ou talvez consciente, para tolerar experiências, ideias ou afeições passadas que produzam ansiedade.

S

Sadismo: Orientação ou comportamento sexual em que a pessoa tem prazer ao produzir dor física ou psicológica no outro.
Sadomasoquismo: Orientação ou comportamento sexual em que o prazer é obtido dando-se ou recebendo-se dor física e emocional.
Sêmen: Fluido ejaculado pelo homem. Compõe-se de espermatozoides, produzidos pelos testículos, e líquido seminal, produzido pelas vesículas seminais e pela próstata. O líquido seminal contém substâncias químicas que ajudam a ativar e a proteger os espermatozoides. Em média, o homem expele entre dois e seis mililitros de sêmen por ejaculação.
Sensação: Processo pelo qual os órgãos dos sentidos convertem estímulos vindos do mundo externo em dados básicos ou matéria-prima para experiências.
Sex show: Qualquer encenação sexual que envolva mais de uma pessoa.
Sexo anal: Forma de união sexual (hetero ou homossexual) na qual o homem introduz o pênis no ânus da parceira ou do parceiro.
Sexo oral: Atividade sexual que envolve o uso da boca em contato com os genitais ou o ânus de outra pessoa. Pode envolver beijos, lambidas e chupadas.

Sexo seguro: Atividade sexual realizada com métodos contraceptivos e de proteção.
Simbolização: Mecanismo de defesa em que uma imagem mental ou um pensamento consciente é usado como símbolo para disfarçar um pensamento inconsciente que produz ansiedade.
Símbolo: Qualquer estímulo que representa uma ideia ou objeto diferente de si.
Sintoma: Manifestação subjetiva de um estado patológico. Pode ser descrito pelo indivíduo em vez de observado pelo examinador.
Subconsciente: A área "submersa" da personalidade, da qual não temos consciência direta. Organiza-se de acordo com os princípios da condensação e do deslocamento. Suas tentativas de vir ao consciente são impedidas por repressão e só acontecem quando, por meio de deformações causadas pela censura, se produzem manifestações compensatórias, tais como sonhos, atos falhos etc. O subconsciente é basicamente composto de material psicológico vindo dos desejos que tínhamos quando crianças.

T

Telepatia: Em parapsicologia, o poder da transmissão de pensamento; a comunicação direta entre duas mentes. Objetivamente, a telepatia é uma coincidência que não se deve a fatores aleatórios; é uma percepção ou um pensamento consciente ou inconsciente entre o comportamento ou o estado psicofisiológico de dois indivíduos.
Temperamento: Conjunto de características que distinguem uma pessoa da outra.
Testículos: As glândulas em formato oval situadas sob o pênis e contidas no saco escrotal. Na puberdade, os testículos começam a funcionar em dois sentidos: produzem células reprodutivas (ou espermatozoides) e testosterona (hormônio responsável pelo desenvolvimento de características sexuais secundárias, como a voz grossa e a barba). Para gerar espermatozoides, os testículos devem ter uma temperatura mais baixa que o resto do corpo.
Transmutação: O processo de transformar uma forma ou substância em outra. A expressão "transmutação mental" geralmente é usada na literatura espiritual para definir a mudança de pensamentos negativos em positivos. Na alquimia, o termo representa a transformação de metais inferiores em ouro.

Universo: Nosso universo é apenas um entre uma infinidade de universos, um elo na grande corrente cósmica.

Vibração: O terceiro princípio fundamental da filosofia hermética, segundo o qual nada é absolutamente imóvel, porque tudo se move e tudo vibra.

Vontade: A qualidade psíquica de uma pessoa que lhe permite escolher realizar ou não determinada ação. Depende diretamente do desejo e da intenção.

Zen: Processo de meditação ou de contemplação. Os resultados alcançados em experiências ou estados de consciência que estão além da perfeição humana, mas são acessíveis por meio da técnica de meditação.

Zonas erógenas: Mais receptivas que outras, as zonas erógenas mais comuns são os lábios, mamilos, genitais, parte interna das coxas, lóbulo das orelhas, nuca, peito e sola dos pés, axilas, pulsos, costelas, parte interna dos joelhos e coluna. As nádegas também são erógenas, mas precisam de estimulação mais vigorosa.

BIBLIOGRAFIA

ASIN CABRERA, A. *Tantra*. Pamplona: Analecta, 1980, coleção La Sabiduría de los Grandes Yoguis.

BATAILLE, Georges. *O erotismo*. São Paulo: Arx, 2004.

BENSON, Herbert. *La respuesta de relajación*. Barcelona: Pomaire, 2001.

BRUNO, F. J. *Diccionario de términos psicológicos fundamentales*. Barcelona: Paidós Studio, 1987.

CLARK, Rebecca A. "Revelando o estado ideal de consciência", in *A cura cósmica*. Rio de Janeiro: Nova Era, 1994.

DUNNE, Lavon J.; KIRSCHMANN, John D. e NUTRITION SEARCH. *Nutrition Almanac*. Nova York: McGraw-Hill, 1990.

ELIADE, Mircea. *Yoga: imortalidade e liberdade*. São Paulo: Palas Athena, 1997.

FERNÁNDEZ, Emilia e MUSTIELES, David. *Las mentiras de la sexualidad*. Nova York: Lectorum, 1998.

FEUERSTEIN, Georg. *Enciclopédia de yoga*. São Paulo: Pensamento, 2006.

FIDANZA, Alberto. *Le vitamine*. Roma: Borgia, 1997.

GROF, Stanislav. "O espectro da consciência", in *Além do cérebro*. São Paulo: McGraw-Hill, 1988.

GUÉNON, René. *La metafísica oriental*. Barcelona: Ediciones de la Tradición Unánime, 1993.

HERRIGEL, Eugen. *A arte cavalheiresca do arqueiro zen*. São Paulo: Pensamento, 1997.

HOFFMAN, Lola. *Orientaciones psicoterapéuticas basadas en Carl Gustav Jung*. Santiago: La Puerta Abierta, 1997.

IAM, Mabel. *Sanación con tus ángeles*. Buenos Aires: Vinciguerra, 1995.

_____. *Diccionario de nombres con sus ángeles*. Buenos Aires: Planeta, 1996.

_____. *Cambia tu destino*. Buenos Aires: Perfil, 1997.

_____. *El vampirismo*. Buenos Aires: Planeta, 1997.

_____. *Escrito para vivir*. Buenos Aires: Corpo Solar, 1997.

_____. *Las zonas erógenas de tu signo*. Buenos Aires: Perfil, 1998.

_____. *La zona oculta del amor y el sexo de tu signo*. Buenos Aires: Perfil, 1999.

_____. *Mano a mano con tu sabio interior*. Buenos Aires: Latinoamericana, 1999.

_____. *Tocando el cielo con las manos*. Buenos Aires: Latinoamericana, 1999.

_____. *Tus protectores y guardianes de cada día*. Buenos Aires: Latinoamericana, 1999, 2000.

_____. *El don de la diosa*. Buenos Aires: Mega Libros, 2000.

_____. *El tao del amor y el sexo*. Buenos Aires: Planeta, 2000.

_____. *Guía con los ángeles*. Buenos Aires: Corpo Solar, 2001.

_____. *Manual de conquista*. Buenos Aires: Corpo Solar, 2001.

_____. *El sueño del amor*. Woodbury: Llewellyn, 2002.

_____. *El amante perfecto*. Nova York: Atria, 2005.

_____. *Juegos del amor*. Woodbury: Llewellyn, 2005.

_____. *Ser angelical*. Woodbury: Llewellyn, 2005.

_____. *Sex and the Perfect Lover: Tao, Tantra, and the Kamasutra*. Nova York: Atria, 2005.

INSTITUTO DE ESTUDIOS DE SALUD NATURAL. "Propiedades biológicas, químicas y energéticas de los alimentos", 2000.

JUNG, C. G. *Formaciones de lo inconsciente*. Buenos Aires: Paidós, 1980.

KAPLAN, Helen S. *El sentido del sexo*. Barcelona: Grijalbo, 1981.

LEVY, Howard S. e ISHIHARA, Akira. *The Tao of Sex*. Lower Lake: Integral, 1989.

LIGHTMAN, Alan. *Sonhos de Einstein*. São Paulo: Companhia das Letras, 1993.

LYSEBETH, Andre van. *Tantra, o culto da feminilidade*. São Paulo: Summus, 1994.

OKADA, Mokiti. *Luz do Oriente*. São Paulo: Fundação Mokiti Okada, 1982.

_____. *Foundations of Paradise*. Washington: Johrei Fellowship, 1995.

_____. *A arte do Johrei*. São Paulo: Lux Oriens, 2000.

PEARSON, Carol S. "A dança do ego, do *self* e da alma", in *O despertar do herói interior*. São Paulo: Pensamento, 1993.

RAMACHARACA, Yogue. *Ciência hindu-yogue da respiração*. São Paulo: Pensamento, 1996.

RAYNAUD DE LA FERRIÈRE, Serge. *Yug, yoga, yoghismo*. Cidade do México: Diana, 1993.

RIVIÈRE, Jean. *El yoga tántrico*. Buenos Aires: Kier, 1978.

SATPRAKASHANANDA, Swami. *La meta y el camino: enfoque vedántico de los problemas de la vida*. Cidade do México: Yug, 1995.

SHINYASHIKI, Roberto e DUMÊT, Eliana Bittencourt. "Afinal o que é o amor? Aprender a amar", in *Amar pode dar certo*. São Paulo: Gente, 1991.

SIVANANDA, Swami. *A ciência do pranayama*. São Paulo: Pensamento, 1990.

SUZUKI, Shunryu. *Mente zen, mente de principiante*. São Paulo: Palas Athena, 2009.

TUÑÓN PABLOS, Julia. *El álbum de la mujer*. Cidade do México: Instituto Nacional de Antropología e Historia, 1991, vol. III: El siglo XIX (1821-1880).

VERIS. "A Comparison of Natural and Synthetic Vitamin E", 2000.

_____. "Carotenoids: What They Are and What They Do", 2000.

WEEKS, Jeffrey. *Sexuality*, 3ª ed. Londres: Routledge, 1991.

_____. *El malestar de la sexualidad*. Madri: Talasa, 1993.

WOODROFFE, John. *El poder serpentino*. Buenos Aires: Kier, 1972.

YESHE, Lama Thubten. *Introdução ao tantra*. São Paulo: Gaia, 2007.

Impressão e Acabamento

Prisma Printer Gráfica e Editora Ltda.
Fone/Fax: (0xx19) 3229-7171
E-mail: grafica@prismaprinter.com.br
www.prismaprinter.com.br
Campinas - SP